Zum Autor

Der Autor Klaus Heimann hat neben zahlreichen Krimis mit "Ich glaube nicht, dass Ihr diese Zeilen erhalten werdet" schon einen historischen Roman veröffentlicht, bei dem ihn Briefe seines Vaters und Großvaters während des Zweiten Weltkriegs inspirierten. Heimanns Heimat ist das Ruhrgebiet, er lebt in Essen-Haarzopf wie seine Eltern und Großeltern. „Lina" ist eine literarische Annäherung an das Leben seiner Großmutter, die in den Zwanzigern das harte Leben als Magd mit dem vermeintlich leichteren eines Dienstmädchens in Essen tauschte.

Mehr unter: www.klausheimann.de

Titelbild: Alter Hauptbahnhof Essen, Deutsches Dokumentationszentrum für Kunstgeschichte Bildarchiv Foto Marburg, Colorierung: Olaf Schulz
Umschlaggestaltung: Juliane Richter

ISBN: 978-3-943322-682

www.hummelshain.eu

Klaus Heimann

Lina

Ein Frauenschicksal in der

ersten Hälfte des 20. Jahrhunderts

Historischer Roman

Prolog: Das Haus erzählt

Der Staub der Zeit sitzt in allen meinen Ritzen und Fugen. Er wächst beständig an. Wie ein Zeichen dafür, dass auch meine Uhr tickt. Wenn auch langsamer als die meiner Bewohner.

Mehrere Menschengenerationen durfte ich unter meinem Dach beherbergen. Freud und Leid teilte ich mit meinen Bewohnern. Geburten wohnte ich genauso bei, wie dem Sterben, fröhliche Kinderscharen erheiterten mich, die Stille des Alters empfand ich eher bedrückend.

Stoisch und unverrückbar habe ich die Schicksale meiner Menschen begleitet. Ich bewahrte sie vor Stürmen, die in mein Gebälk gefahren sind und es zum Ächzen brachten. Meine Dachpfannen klapperten dazu. Schneelasten habe ich getragen, Gewittergüsse aufgefangen. Ein Heim war ich die vielen Jahre über für alle, die Geborgenheit unter meinem Dach und zwischen meinen Mauern suchten. Ein Ort des Schutzes im Rahmen der Möglichkeiten, die mir als Haus gegeben sind.

Mancher Hohlraum zwischen den Ziegeln oder unter den Bodendielen war ein Zuhause für Mäuse. Sie huschten umher, auf der Hut vor Katzen und Menschen, klaubten Brotkrümel vom Boden oder stahlen von den Vorräten. Im Stall standen Kühe, Schweine, später Pferde. Auch den Tieren war ich Heim.

So, wie ich einst gedacht war, genügte ich den Ansprüchen meiner Bewohner später nicht mehr. Neue Jahrzehnte brachten neue Ideen von großzügigerem Wohnen. Im Laufe der Zeit sind in meinem Inneren Wände eingerissen worden, um Räume zu verändern. In mein Dach wurden neue Fenster eingelassen, Umbauten wurden vorgenommen, die den ursprünglich den Tieren zugedachten Platz für Menschen bewohnbar machte. Der hohe Grundwasserspiegel hat häufig Wasser in meinen Keller gedrückt. Die Feuchtigkeit ist in meinen Wänden aufgestiegen. Irgendwann haben die Menschen Löcher in meine Mauern gebohrt und eine stinkende Chemie hineingepresst. So haben sie dem Wasser Einhalt geboten. Das alles habe ich ertragen, wie es nun mal die Natur eines Hauses ist.

Ursprünglich errichtet wurde ich von der Maurerfamilie Melches. Weit über ein Jahrhundert ist das her. 1888 hatten die Eheleute Johann und Wilhelmine ein Stück Land gekauft. Vier Preußische Morgen, am Rand von Essen und Mülheim im Stadtteil Haarzopf gelegen, einem ländlichen Umfeld. Nur wenige weitere Häuser gab es damals an der Schuirer Straße. Über die Jahre rückte die Stadt näher. Aber noch heute umgibt mich eine Grünzone mit Weiden und Feldern.

Ich bin ein einfaches Haus. Eher zweckmäßig, wie Maurermeister Melches viele in ähnlicher Art im Stadtteil gebaut hat. Eingeschossig, mit hohem Kniestock. Damit im Obergeschoss trotz Schräge gut nutzbare Zimmer entstehen. Meine Fenster sind vertikal ausgerichtet und werden bei Unwettern und des Nachts durch Blendläden geschützt. Vor den Eingang zur Straßenseite hin, wurde ein hölzernes Windhäuschen vor die Fassade gesetzt. Ein weiterer Eingang befindet sich auf der gegenüberliegenden Seite in einem Anbau, der auch den ehemaligen Stall beherbergt.

Sie waren mächtig stolz auf den eigenen Grund und das eigene Haus, die Eheleute Johann und Wilhelmine. Voller Zuversicht, die Hypothek durch ihrer Hände Arbeit abtragen zu können, bezogen sie das neue Heim. Johann lebte davon, die Milch der Bauern im Umkreis einzusammeln, und sie mit seinem Fuhrwerk in die Stadt zu transportieren. Nebenbei betrieb er mit seiner Frau eine bescheidene Landwirtschaft. Zwei Kinder brachte Johann aus erster Ehe mit in den Haushalt. Neun Kinder sollte Wilhelmine zur Welt bringen. Neue Schicksale, die in meinen Mauern ihren Start ins Leben nahmen.

Was Menschen aufbauen, zerstören ihnen leider häufig andere Menschen. So musste ich zwei großen Kriegen trotzen. Nicht nur die Not der Familien habe ich mit angesehen, als die Versorgungslage schlecht wurde. Ich habe auch Frauen mit ihren Kindern in die Schutzbunker flüchten sehen, wenn die Sirenen heulten. Voller Anteilnahme war ich, wenn Mütter um ihre Söhne bangten, die der Krieg ihnen stahl, manchmal für immer.

Im zweiten großen Krieg fielen Bomben um mich herum. Mir war weglaufen nicht vergönnt. Ich stand an meinem Platz und ertrug die Erschütterungen der Einschläge und Treffer. Stoisch, unverrückbar. Schwere Schäden sind mir erspart geblieben. Immer gab es jemanden, der aufräumte, was Menschen anderen Menschen zerstört hatten.

Ich hoffe, dass es noch lange jemanden geben wird, der das, was die Zeit an mir nagt, repariert und Instand setzt. Vielleicht werde ich trotzdem irgendwann abgerissen. Was bleibt, ist die Geschichte meiner Bewohner, die ich bis dahin beherbergen durfte. Von einem Paar, das mich errichtete, um sich eine Existenz aufzubauen. Von Töchtern und Söhnen, die auszogen und Menschen, die hergezogen sind.

Der Alltag in Häusern wie mir war über lange Zeit vor allem der Alltag von Frauen. Sie sorgten für den Haushalt, die Tiere im Stall, die Gemüsegärten, die Felder. Sie zogen den Nachwuchs groß, während die Männer ihrer Arbeit nachgingen, das Haus verließen, nach der Schicht oder dem Tagwerk zurückkehrten. Dann halfen sie ihren Frauen natürlich. Die Baumaßnahmen - neue Böden, der Austausch kaputter Dachpfannen, das Einreißen von Mauern, das Verputzen von Wänden, Anstreicharbeiten -, das war ganz die Domäne der Männer. Wenn ich darüber nachdenke, möchte ich fast sagen, die Männer waren für die Veränderung zuständig, die Frauen fürs Hegen und Bewahren.

Von denen, die hier aufwuchsen, sind mir Lydia und Martha besonders in Erinnerung, Töchter von Johann und Wilhelmine. Martha hat in ihrem über neunzigjährigen Leben nie anderswo gewohnt. Als beide längst Witwen waren, besuchte Lydia ihre Schwester manchmal und übernachtete bei ihr. Sie blieb ein paar Tage, bis die ungewohnte Nähe den beiden zu viel wurde. Ein kleiner Zank um eine Banalität, und Lydia packte ihren Koffer.

Lina, die Frau ihres Bruders Karl, hätte noch lange bei ihnen sitzen sollen. Sie war um Jahre jünger als ihre beiden Schwägerinnen. Ich hätte ihr gegönnt, dass sie sich im fortgeschrittenen Alter ausruhen durfte von der harten Arbeit, mit den Schwägerinnen einen Schwatz haltend, mit ihnen Kaffee trinkend, den guten, den aus echten Bohnen. Von allen, die ich je unter meinem Dach beherbergt habe, ist mir Linas

Schicksal besonders nahe gegangen. Ihr Leben in meinen Mauern war eine einzige Anstrengung, eine nie endende Fron, bis zuletzt. Als Braut ist sie eingezogen, fand gute Aufnahme bei Wilhelmine, ihrer Schwiegermutter, die ebenfalls bis zu ihrem Tode hier wohnte, verbrachte ein paar glückliche Jahre in der Schuirer Straße. Doch dann nahm Linas Leben eine tragische Wende.

Meine alten Balken möchten heute noch seufzen, wenn ich an ihre Jahre mit mir denke. Ihr Leben begann jedoch fern von hier, in einem anderen Haus.

Der Besuch

Bepackt mit einem kleinen Koffer und einer Einkaufstasche schnaufte Lydia die Schuirer Straße entlang. Im Koffer trug sie ein paar Habseligkeiten, die sie zur Übernachtung bei ihrer Schwester Martha benötigte, in der Tasche Einkäufe, die sie unterwegs erledigt hatte. Schließlich wollte sie nicht auf liebgewordene Lebensmittel verzichten, wenn sie ein paar Tage im Haus ihrer Kindheit blieb. Martha lebte überaus sparsam.

Am Morgen war sie zu Fuß von ihrer Wohnung im benachbarten Mülheimer Stadtteil Heimaterde nach Essen Haarzopf aufgebrochen. Zunächst hatte sie ein paar Besorgungen rund um die Kreuzung Erbach, dem Haarzopfer Zentrum getätigt. Butter und Käse im Coop, Wurst und Schinken bei Krüger, zuletzt Brot und Hefeteilchen bei Ziegler. Gegenüber der Bäckerei lag die Kirche, dahinter der Gemeindefriedhof. Eine gute Gelegenheit, das Grab ihres lange verstorbenen Mannes aufzusuchen. Dort angekommen, setzte sie Koffer und Tasche auf dem Ascheweg ab, und versank in ein kleines, stilles Gebet. Erst danach unterzog sie Emils letzte Ruhestätte einem kritischen Blick. Sie müsste mal Unkraut ziehen. Jetzt, im April, sprießte es überall.

Ihre bald achtzig Jahre forderten von Lydia Tribut. Eine Weile ruhte sie sich auf einer der Friedhofsbänke aus.

Leider kam niemand von den alten Haarzopfern vorbei, die Lydia noch kannten. Sie hätte gerne einen Schwatz gehalten.

Als sie den Eindruck hatte, genug ausgeruht zu haben, nahm sie das letzte Stück ihres Weges unter die Füße. Es war nicht mehr weit. Trotzdem begann sie zu schnaufen, als sie in die Schuirer Straße erreichte. Die Arme wurden ihr lang von Koffer und Tasche. Jedes Mal schien ihr der Weg länger zu werden.

Endlich kam die Weißdornhecke in Sicht, die den Garten ihres Geburtshauses zur Straße hin abgrenzte. Lydia trat durch das zweiflügelige Tor auf den geschotterten Hof. Sie blieb stehen und atmete durch. Wenigstens war es im Frühling noch nicht so warm. Während sommerlicher Hitze wurden solche Besuche zur echten Strapaze.

Sie ging die letzten Schritte und gelangte an die hintere Hausecke. Ihre Schwester Martha saß vor dem seitlich angebauten Eingang auf der Türschwelle, darin vertieft, ein Pittermesser[1] zu wetzen. Wie eh und je an der Stufenkante, die davon über die Jahren eine Delle davongetragen hatte. Auch die Messerschneide zeugte von dieser Schärfmethode. Sie besaß beinahe die Form einer Sichel. Lydia fragte sich, ob ihre Schwester das Messer erst aufgeben würde, wenn sie die Schneidenmitte durchgewetzt hatte.

Martha bemerkte den Schatten der Besucherin. Sie unterbrach ihre Arbeit und schaute auf.

„Kiek ees, doo kömp us Lidia."[2]

„Chudden Daach, Matta. Bös'se am Werke?"[3]

„Muss."

---

1 Schälmesser

2 Sieh mal, da kommt unsere Lydia

3 Guten Tag Martha. Bist du am arbeiten?

Aus Kindertagen hatten sie beibehalten, Mölmsch Platt miteinander zu sprechen, eine bergische Mundart. Der Stadtteil Haarzopf hatte in ihrer Jugend noch zur Mülheimer Bürgermeisterei Heißen gehört. Erst 1915 war er nach Essen eingemeindet worden. Die Sprache der Menschen richtete sich nicht nach solchen Formalitäten.
Ächzend erhob sich Martha von der Türschwelle. Gebeugt und seitlich krumm, kam sie ihrer Besucherin zwei Schritte entgegen und reichte ihr die knöcherige Hand. Während Lydia etwas korpulent durch die Welt schritt, war ihre Schwester eher drahtig, sah beinahe hager aus. Ihr Kasack[4] mit dem kleinen Rautenmuster schlotterte an ihren dürren Schultern. Flüchtig ergriff Lydia die ausgestreckte Hand.
„Wie ös et?"
„Piene. Die Knöökessen. Un ssälfs?"
„Krüzpien."
„Kom ees herèn."[5]
Weiterer Worte bedurfte es nicht zur Begrüßung. Man war über Jahrzehnte vertraut miteinander.
Lydia folgte Martha geradeaus durch den düsteren Flur in ihre bescheidene Wohnung. Sie schlug vor, zunächst ihre Einkäufe im Kühlschrank zu verstauen. Martha hatte nichts dagegen. Ihre Schwester stellte Köfferchen und Einkaufstasche auf dem Küchenboden ab und öffnete die Kühlschranktür.
„Ist ja dunkel da drin."
„Weiß ich."

---

[4] Ein meist ärmelloser Kittel

[5] Wie ist es (meint: Wie geht es dir)? - Schmerzen. Die Knochen/die Beine. Und selbst? - Kreuzschmerzen. - Komm herein.

„Birne kaputt?"
„Ne, hab ich rausgedreht."
„Warum das denn?"
„Kostet doch Strom."
„Den kurzen Moment?"
„Wieso?"
„Das Licht geht doch aus, wenn du den Kühlschrank zumachst."
„Weiß ich das sicher?"
„Matta, dou häs joo en Ssitschi!"[6]
Kopfschüttelnd legte Lydia Butter, Käse, Schinken und Wurst in den Kühlschrank. Dass ihre Schwester Technik ganz allgemein nicht vertraute, hatte sie auch schon bei anderer Gelegenheit festgestellt.
Als nächstes verstaute Lydia ihre paar Brocken für die nächsten Tage im Schlafzimmer. Erst danach legte sie ihren Übergangsmantel und das Hütchen ab. Mit einem Seufzer ließ sie sich am Küchentisch nieder, auf den ihre Schwester bereits eine Flasche Wacholder und zwei Gläser gestellt hatte. Der obligatorische Begrüßungstrunk.
Lydia wehrte ab. „Ist noch zu früh am Tag."
„Für mich nicht."
Schon hatte Martha ihr Pinnchen[7] gefüllt und leerte es mit einer ruckartigen Drehung aus dem Handgelenk, während sie ihren Kopf leicht in den Nacken warf.
„Matta, du Ssuupssack!"[8] tadelte sie Lydia.

---

[6] Martha, du hast ja einen Sittich (Vogel)
[7] Kleines Schnapsglas
[8] Martha, du Saufsack (Säufer)

Ihre Schwester beeindruckte ihr Kommentar kein Bisschen. Sie lächelte sie an im Bewusstsein, die Ältere zu sein.
„So schlimm mit deinen Knöökessen?“, erkundigte sich Lydia fürsorglich.
„Ich kann manchmal kaum schlafen“, beklagte sich Martha. „Nach Haarzopf muss ich am Schirm gehen.“
„Am Schirm? Hast du denn keinen Stock?“
Sie erntete einen entrüsteten Blick für ihre Frage.
„Meinst du, die Leute sollen sagen, die Martha wird alt?“
„Der Karl hatte ja auch schon früh offene Beine“, lenkte Lydia ab. Ihr gemeinsamer Bruder hatte Marthas Gebrechen geteilt. Lydia war zum Glück vom Familienleiden verschont geblieben. „Hat dir der Doktor denn nix verschrieben? Im Krieg hat die Lina Salbe aus Schweineschmalz für Karls Beine gemacht.“
Martha ging nicht auf ihre Frage ein. Lydia wusste, dass ihre Schwester nicht viel von Ärzten hielt. „Ja, die Lina. Die konnte einiges“, sinnierte Martha stattdessen. „Hat aber auch viel durchmachen müssen in ihrem Leben.“
„Cheschorrt heet se[9], Tag und Nacht. Schon als Kind.“
„Wir nicht? War eben früher so.“
„Auf'm Dorf noch viel schlimmer.“
Lydia und Martha erinnerten sich weiter an ihre Schwägerin. Aus dem nordhessischen Upland war sie ins Ruhrgebiet gekommen. Als Haushaltshilfe, wie viele andere auch. Nachdem sie Karl kennengelernt und ihn geheiratet hatte, war sie zu ihm in die Schuirer Straße gezogen. In dieses Haus, in dem sie beide am Küchentisch saßen.

---

[9] Gearbeitet hat sie

„So eine schöne Kindheit wie wir hatte die Lina jedenfalls nicht“, befand Lydia.
Ja, die Lina. Im Dezember 1905 geboren, hatte ihre Schwägerin schon einiges durchgemacht, ehe sie nach Essen gezogen war.

Die frühe Pflicht

Lina stand mit den anderen Familienangehörigen am Bett der Mutter. Sie betrachteten die Kranke stumm und mit ernster Miene. Spanische Grippe, hieß es. Manchen im Dorf hatte die Pandemie schon dahingerafft, der Vater hatte sie vor nicht einer Woche überstanden. Jetzt also die Mutter. Dass die Krankheit die Menschen selbst hier im abgelegenen Eimelrod, einem Flecken im Willinger Upland, aufgespürt hatte, bewies ihre Unbarmherzigkeit. Irgendjemand steckte sich irgendwo damit an und trug den Tod in die entlegensten Winkel. In der Zeitung hatte man einiges darüber gelesen, wie die Spanische Grippe durch die Welt geisterte. Die beschwerlichen Zeiten wollten einfach nicht abreißen. Gerade lagen die entbehrungsreichen Kriegsjahre hinter ihnen. Vater Christian hatte Jahre für Kaiser und Vaterland im Feld gelegen. Vor Verdun hatte er gekämpft, in der Blutmühle. Eine Granate hatte ihn verletzt. Immerhin waren seine Arme und Beine, die er als Landwirt so dringend brauchte, verschont geblieben. Die Verletzung war aber ernst genug gewesen, um ihn vorzeitig nach Hause zu schicken. Verloren hatte das Reich den Krieg, den Frieden hatte erst die Niederlage gebracht. Deutschland war in politische Wirren gestürzt, der Kaiser geflohen. Als ob das die Menschen nicht schon genug niederrang, grassierte gleichzeitig diese todbringende Seuche.
Hatte der liebe Gott seine Kinder endgültig verlassen?
Nur diesen Gedanken dachte Lina am Bett der Mutter wirklich. Was spielten Geschichte und Politik schon für eine

Rolle im Leben einer bald Vierzehnjährigen in einem abgelegenen Dorf. Ihr Kopf war hinlänglich beschäftigt damit, sich auszumalen, wie es ohne die Mutter weitergehen sollte. Die Hoffnung auf eine Genesung hatte Lina lange fahren lassen.
Mutter quälte sich so!
Die Spanische Grippe erwischte die Menschen plötzlich, wie aus heiterem Himmel. Die Mutter hatte über Kopf- und Gliederschmerzen geklagt, dann über Rückenschmerzen. Sie war zu müde gewesen, um sich auf den Beinen zu halten, hatte sich mit Schüttelfrost ins Bett gelegt. Sie begann, krampfartig zu husten. Dann war das Fieber gekommen. Ihr Körper hatte geglüht, Schweißperlen standen auf der Stirn. Ihr Atem ging rasselnd, das Ringen nach Luft war ihr zusehends schwerer gefallen.
Gerade mal eine gute Woche lag das Auftreten der ersten Symptome zurück. Tag und Nacht hatte Lina der Mutter feuchte Lappen auf die Stirn gelegt, Wadenwickel erneuert. Die einzigen Mittel, die im Haus zur Verfügung standen, um ihre Not zu lindern. In der Schule war Lina fast am Tisch eingeschlafen und hatte die Schelte des Lehrers über sich ergehen lassen müssen. Alle Mühe hatte nichts genutzt.
Der Vater hatte Kerzen im Schlafzimmer der Eltern aufgestellt. Ihr Flackern tanzte über die gekälkten Wände und die niedrige Decke. Die Mutter lag auf ihrer Seite des Ehebetts und röchelte angestrengt gegen ihre kranke Lunge an. Ihre Augen waren geschlossen. Es hatte den Anschein, dass sie nicht mehr bei Bewusstsein war.
Sie waren hier versammelt, um die Mutter sterben zu sehen! Bitter durchrann Lina die Gewissheit.

Sie sah zu Wilhelm herüber, ihrem älteren Bruder, der am Fußende des Bettes stand. Sein Gesicht war unbeweglich wie Stein. Erst Ostern hatte er die Schule verlassen, war unmittelbar danach vom Vater bei einem Bauern im Dorf als Knecht untergebracht worden. Groß war der Älteste ihrer Geschwister und kräftig. Wilhelm leistete bestimmt gute Arbeit.

Ihre Augen wanderten zu den jüngeren Brüdern hinüber, die neben dem Vater auf der Seite der Mutter standen. Heinrich und Fritz waren nicht zu stolz, ihre Trauer offen zu zeigen. Erst vor einem Monat war Fritz sieben geworden. Er schniefte zum Herzerweichen. Bei seinem Anblick brach auch in Lina ein Damm. Kummervolle Tränen erreichten ihr Kinn und tropften von dort zu Boden.

Der Vater weinte nicht; trotzdem zeigte sein noch von der Krankheit gezeichnetes Gesicht tiefe Trauer. Mit seinen eingefallenen Wangen glich sein Kopf im schummrigen Kerzenlicht einem Totenschädel. Dass es niemanden von den Kindern erwischt hatte bei der Enge im Haus, kam einem Wunder gleich. Lina war dankbar dafür, denn sonst hätte sie die Brüder ebenfalls pflegen müssen. Im nächsten Jahr würde sie die Schule verlassen. In diesem Alter war es für die Mädchen im Dorf längst üblich, dass sie Hausfrauenpflichten übernahmen. Das würde ihr jetzt, da die Mutter starb, erst recht zugemutet werden. Kochen, putzen, nähen, flicken, für Vorräte sorgen. Nur gut, dass die Erntezeit hinter ihnen lag und für diesen Winter vorgesorgt war.

Die Mutter gab ihren verzweifelten Kampf um Luft auf. Ihr Röcheln erstarb. Nur noch das gelegentliche Knistern eines Kerzendochts war im Raum zu hören. Nun übermannte es

auch den Vater und er weinte erste Tränen. Mit schmerzverzerrter Miene trat er an das Bett, legte den Finger an den Hals der Mutter und suchte ihren Puls. Eine Weile später sah er auf und schüttelte kaum merklich den Kopf.
Henriette Meier, geborene Diez, Mutter von vier unmündigen Kindern, Ehefrau des Landwirts Christian Meier, erlag am 12. November 1919 der Spanischen Grippe. Die Pandemie raffte weltweit mehr Menschen dahin, als es der Erste Weltkrieg geschafft hatte.

Die Kirchenglocken begleiteten den Trauerzug zum Grab. Wie im Dorf üblich, waren beinahe alle gekommen, wenigstens ein oder zwei Vertreter pro Familie. Die Träger mit dem Sarg führten den Zug an, der Pfarrer hielt gebührenden Abstand, hinter ihm schritten nebeneinander Wilhelm und der Vater. Dann folgte Lina, links von ihr Heinrich, an ihrer rechten Hand Fritz. Weitere nahe Verwandte schlossen daran an. So setzte sich das letzte Geleit fort bis ans hintere Ende, an dem sich entfernt bekannte Trauergäste einreihten.
Der graue, nasskalte, neblige Novembertag spiegelte Linas Verfassung. Die Träger setzten den Sarg auf Bohlen, die über das ausgehobene Loch gelegt worden waren, ab. Der Pfarrer stellte sich an sein Fußende. Es war absolut still auf dem Friedhof. Nur die Raben auf dem Kirchturm krächzten respektlos. Der Pfarrer segnete den Sarg und sprach seine Gebete. Über das Leben der Toten hatte er bereits in der Predigt gesprochen. Entbehrungsreich – zu früh gegangen – Verlust einer treusorgenden Mutter und Ehefrau – erlöst

von schwerer Krankheit … Worte, die er schon dutzende Male für andere Frauen und Männer aus dem Dorf gefunden hatte. Obwohl er das Leben im Jenseits in blühenden Formeln beschwor, hatte Lina keinen Trost darin gefunden. Eher in den Liedern, die zu Orgelmusik gesungen worden waren.

So nimm denn meine Hände
Und führe mich
Bis an mein selig Ende
Und ewiglich.
Ich mag allein nicht gehen,
Nicht einen Schritt;
Wo du wirst gehn und stehen,
Da nimm mich mit.[10]

Vier Träger nahmen je ein Seilende vom Boden auf, strafften die Stricke, und hoben den Sarg auf diese Weise an. Ihre beiden Mitstreiter entfernten die entlasteten Bohlen von der Graböffnung. Im langsamen Tempo, in dem den gestrafften Seilen nachgegeben wurde, glitt die Mutter in ihre letzte Ruhestätte hinunter. Ins Dunkel der Erde, die sie zeitlebens umgegraben, beackert und zur Frucht gebracht hatte. An diesem Tag stand die segensreiche Erde als Sinnbild für den Tod.
Lina bemühte sich, die Fassung zu bewahren. Sie bekämpfte den Impuls, fortzulaufen, sich irgendwo vor den Leuten und dem schrecklichen Anblick zu verstecken. Ein Segen, dass sie Fritz‘ Hand hielt. Das fesselte sie auf gewisse Art an

---

[10] Lied aus dem evangelischen Gesangbuch

den Platz, den einzunehmen von ihr erwarte wurde. Es gelang ihr aber nicht mehr, die Tränen zu zügeln. Ihre Mutter tief unten in der kalten Erde: kaum auszuhalten.
Jeder aus der Familie trat einzeln vor und sprach ein kurzes Gebet am offenen Grab. Zuerst Vater Christian, dann Wilhelm und als nächstes Lina. Der Blick in die Tiefe ließ sie erschaudern. Wie oft würde sie in ihrem Leben noch einen lieben Menschen auf diese Art verabschieden müssen? Wer war der nächste, der sie derart ratlos vor einem Loch auf dem Friedhof zurückließ?
Das herzerweichende Schluchzen ihres jüngsten Bruders, der ihre Hand nicht losgelassen hatte, riss sie aus ihren Gedanken. Das Leben ging weiter. Irgendwie. Sie war nicht allein zurückgeblieben. Sie war aufgefordert, als die neue Hausfrau ihre Pflicht zu tun. Die Tote hatte ihre Aufgaben auf die Tochter übertragen – das war ihr Vermächtnis.
Lina zerrte Fritz vom Grab weg und stellte sich mit ihm neben Wilhelm auf. Heinrich verharrte nur kurz vor dem Loch. In seinem Alter und im Bewusstsein, demnächst zum Mann zu werden, kämpfte er gegen seine Tränen an. Deutlich war sein Schlucken zu sehen. Würde das Dorf später über ihn sagen, Heinrich sei tapfer gewesen?
Ein Trauergast nach dem andern kondolierte der Familie. Der Zug wollte schier nicht aufhören. Fritz hielt Lina weiter an ihrem Platz fest. Sie bemerkte, wie sie ein Blick von Wilhelm streifte. Du kannst dich auf mich verlassen – so meinte sie, darin gelesen zu haben.
Ein Fünkchen Zuversicht in dieser schweren Stunde, an dem sie sich wärmte.

Sie verbrachten das traurigste Weihnachtsfest miteinander, an das sich Lina erinnern konnte. Natürlich waren die Festtage, an denen der Vater im Krieg gewesen war, auch nicht glücklich gewesen. Aber sie hatten ihn lebend in der Ferne gewusst. Die Mutter war endgültig gegangen.

Das Vorbereiten des Festtagsschmauses blieb natürlich an Lina hängen. Ihr Vater hatte von einem Jäger einen Rehbraten erstanden, eine echte Kostbarkeit. Die Nachbarin hatte Lina einige Tipps gegeben, wie er zuzubereiten wäre. Mit Speck spicken und im Bräter garen – dem war sie gefolgt. Als sie das Fleisch am ersten Weihnachtstag servierte, mit Kartoffelklößen und Rotkohl, hatte sie tatsächlich eines der seltenen Lobe des Vaters erhalten: „Das hätte meine liebe Henriette kaum besser hingekriegt."

Die Bemerkung hob Linas Stimmung jedoch nicht. Die Mutter saß eben nicht am Tisch, fehlte. Die Lücke, die sie hinterlassen hatte, wurde durch den Vergleich mit ihr umso deutlicher, schmerzhafter. Nein, Lina hätte sich gewünscht, für dieses Lob an der Festtafel hätte es keinen Anlass gegeben.

Nach Weihnachten kehrte schnell wieder Alltag ein. Jeder im Haus übernahm seine Pflichten. Der Vater fuhr mit dem Ochsenkarren in den Wald, um dort gelagertes Holz zu holen. Wilhelm hackte es für den Ofen, Heinrich und Fritz halfen ihm beim Aufschichten.

Lina gab sich unterdessen Mühe, die Mutter zu ersetzen. Neben der Schule alles andere zu erledigen, was der Vater verlangte, wurde ziemlich mühselig. Da war es fast ein Segen, dass sie am letzten Märztag des Jahres 1920 entlassen wurde. Die guten Noten auf ihrem Zeugnis führten natürlich nicht dazu, dass sie in eine Lehre gehen durfte. Zu gerne hätte sie ein Handwerk gelernt, etwa Schneiderin. Doch solche Ansprüche ans Leben standen ihr nicht zu. Schreiben, Lesen, Rechnen, Religion, Handarbeiten – damit hatte es sich, was ihre Ausbildung anging. Sie hätte nie gewagt, auch nur die Frage nach Weiterlernen zu stellen. Eine Frau gehörte hinter den Herd und war für den Haushalt da. Für was noch, darüber hatte sie ihre Mitschülerinnen mal kichern gehört. Hier auf dem Land, mit all den Tieren, wussten die jungen Leute natürlich über manches Bescheid. Darüber zu sprechen, galt als unschicklich. Das traute sich niemand von den Mädchen. Zotige Anspielungen blieben den Jungen überlassen. Dabei erwischen lassen durften sie sich nicht.

Der Vater war natürlich froh darüber, dass ihm die Schule die Arbeitskraft seiner Tochter nicht länger entzog. So war sie neben den häuslichen Pflichten bei der Vorbereitung der Äcker und der anschließenden Aussaat dabei. Später würde sie ihn und Wilhelm bei der sommerlichen Ernte unterstützen. Und auch für Heinrich und Fritz gab es genug Einsatzmöglichkeiten. Das Leben musste weitergehen und es ging nur weiter, wenn sich alle nach Kräften bemühten.

Die Ostertage standen vor der Tür. Jetzt, da sie nicht mehr zur Schule ging, fiel Lina die Stille im Haus besonders auf. Wilhelm war tagsüber meistens fort, die jüngeren Brüder zogen – wenn sie der Vater nicht zur Arbeit einteilte -, los, um mit den anderen Buben aus dem Dorf Jungsabenteuer zu erleben. Davon erzählten sie nur selten. Bestimmt, weil es da den einen oder anderen Streich gab, den sie lieber für sich behielten. Und ganz bestimmt, weil Lina „nur" ein

Mädchen war. Vater Christian war ohnehin als Schweiger geboren. Er hielt es nicht für nötig, unnütz herum zu schwatzen. Was er zu sagen hatte, galt dem Tagwerk. Alle sonstige Kommunikation war überflüssig.

Lina litt unter dieser Stille. Mit der Mutter hatte sie immerhin ab und zu reden können, auch über Tratsch aus dem Dorf. Sie hatten zusammen gesungen, wenn es allzu stupide zuging bei der Arbeit. Volkslieder. Das alles war nun vorbei. Öde schwieg sie das Haus an – und meistens auch seine Bewohner.

Der einzige Lichtblick der Woche war der Jungmädchenkreis, der sich am Sonntagnachmittag traf. Sonst besaß Lina kaum Kontakt zu Gleichaltrigen. In dieser fröhlichen Runde fanden sich ihre ehemaligen Mitschülerinnen ein, tuschelten und kicherten miteinander, über Handarbeiten gebeugt. Auch hier wurde viel gesungen. Niemand von den jungen Frauen und Mädchen beklagte sich über das Schicksal, ans Haus gefesselt zu sein, oder den Eltern zur Hand gehen zu müssen. Lina konnte nicht einschätzen, ob das dem Verdrängen geschuldet war, damit wenigstens in diesen wenigen Stunden die Sonne auf das Leben schien, oder ob es sie besonders hart getroffen hatte. Eigentlich war es sowieso müßig, darüber zu spekulieren. Das änderte nichts.

Der Frühling vertrieb den Schnee endgültig und mit der Wärme trauten sich auf den Wiesen und in den Wäldern erste Blumen hervor. Lina wurde, da sie den ganzen Tag zu Hause blieb, immer mehr zu einer Art Mutterersatz für ihre beiden kleineren Brüder. Sie kümmerte sich darum, dass sie pünktlich aufstanden, in ordentlicher Kleidung zur Schule gingen, nicht allzu sehr über die Stränge schlugen, wenn sie mit den Nachbarjungen loszogen. Sie führte ihnen gegenüber ein strenges Regiment, und vermied soweit es ging, sich Autorität beim Vater zu leihen. Sie verpetzte ihre Geschwister nie, wenn sie etwas ausgefressen hatten, versuchte höchstens, Wilhelm auf ihre Seite zu ziehen. Vor dem Ältesten besaßen Heinrich und Fritz gehörigen Respekt.

Der Sommer drängte ins Land und damit die Erntezeit. Lina ging immer häufiger mit Vater und Brüdern aufs Feld und half dabei, das Familieneinkommen aufzubessern und für den Winter gerüstet zu sein. Was jetzt nicht unter Dach und Fach kam, fehlte an den dunklen Tagen im Haus für Mensch und Tier. Man sorgte in jeder Art und Weise vor.

Auf den Getreidefeldern schritten der Vater und Wilhelm voran und schwangen die Sense. Lina, Heinrich und sogar der kleine Fritz gingen hinterher und sammelten die gemähten Halme auf, um sie zu Garben zu binden. Mehrere davon wurden so zusammengestellt, dass sie senkrecht standen, damit sie der Wind schneller trocknete. Tage verbrachten sie dort draußen in eingespieltem Rhythmus, eine Choreographie, die sich ganz natürlich ergab und nicht extra einstudiert werden musste. Wie auf dem Feld nebenan und dahinter und weiter hinten auch …

Um nicht jeden Mittag nach Hause gehen zu müssen, nahmen sie Mundvorrat mit. Üblicherweise teilte der Vater die „Habermegger“[11], eine Mettwurst aus Schweinefleisch, unter den Familienmitgliedern auf. Dazu gab es einen Kanten Brot, das Lina regelmäßig mit den anderen Frauen aus dem Dorf im Backes[12] buk. Dazu tranken sie Wasser aus dem

[11] „Hafermäher“

[12] Ein gemeinschaftliches Backhaus

nahegelegenen Bach. Nie schmeckte die einfache Mahlzeit besser als bei der Getreideernte.
Eine besondere Freude waren Lina die Ausflüge auf den Osterkopf, wo Waldbeeren wuchsen. Sie bereicherten die Auswahl, die im heimischen Garten wuchs, rote und schwarze Johannisbeeren und Stachelbeeren. Die Früchte wurden zu Gelee und Marmelade verarbeitet. Lina liebte den fruchtigen Geruch in der Küche, wenn sie ganze Nachmittage mit der Verarbeitung der Beeren beschäftigt war.
Auch Kirschen, Birnen und Äpfel ergänzten die Vorräte. Während Äpfel und Birnen für gewisse Zeit im kühlen Keller gelagert werden konnten, kochte Lina die Kirschen sofort ein. Ein willkommener Nachtisch oder Belag für den selten auf dem Tisch stehenden Kuchen.
Später im Jahr stand die Kohlernte an. Die heimgebrachten Köpfe türmten sich im Garten hinter dem Haus. Rotkohl und Weißkohl wurden auf dem Hobel in feine Streifen geschnitten und in Fässern eingesalzen. Eine mühselige Arbeit, besonders das Hobeln. Mit den Kartoffeln war es einfacher. Sie wurden im Gewölbe neben den Äpfeln eingelagert.

Insgesamt lag ein ertragreiches Jahr hinter ihnen und das Gotteslob zum Erntedank schien Lina besonders inbrünstig. Alle aus dem Dorf hatten sich herausgeputzt. Am Altar lagen die Spenden der Bauern in Form von allem, was geerntet worden war. Getreidegarben, Obst, Gemüse und Brotlaibe waren ansehnlich arrangiert. Feierlich erklangen die traditionellen Lieder im Kirchenraum.

O Gott, von dem wir alles haben,
die Welt ist ein sehr großes Haus,
du aber teilest deine Gaben
recht wie ein Vater drinnen aus.
Dein Segen macht uns alle reich;
ach lieber Gott, wer ist dir gleich?[13]

Nach dem Gottesdienst kam die Gemeinde zum Kirchenschmaus zusammen. Es wurde gegessen, getrunken und gelacht. Einer der wenigen unbeschwerten Momente im Jahr für die Eimelroder. Lina vergaß für diese kurze Zeit alle Mühen, die hinter ihr lagen und die noch kommen würden. Im Gespräch mit den Freundinnen lachte sie über Streiche der jüngeren Geschwister oder staunte über Erlebnisse im Leben anderer. So war Anette im Juni in Kassel gewesen. Ein Verwandter hatte ihr den Bergpark Wilhelmshöhe gezeigt. Anette war ganz begeistert von den Wasserspielen. Sie versuchte den anderen Mädchen zu beschreiben, was sie gesehen hatte.
Lina seufzte innerlich. Kassel! Das war so weit weg!
Für sie war es schon etwas Besonderes, wenn sie nach Korbach kam, um auf dem Markt etwas von ihrer Ernte zu verkaufen.

Kassel!
Das klang für sie nach großer, weiter Welt.

---

[13] Lied aus dem evangelischen Gesangbuch

Im Herbst heiratete der Vater wieder. Johannette, eine Cousine seiner ersten Frau. Sie war ebenfalls verwitwet und brachte ihre Tochter Luise mit in die Ehe.
Zunächst freute sich Lina darüber, Hilfe durch die etwa gleichaltrige Stiefschwester zu erhalten. Aber dann nahm sie der Vater eines Tages beiseite. „Ich muss mit dir sprechen, Lina. Nun ist ja Johannette da und die Luise kann ihr zur Hand gehen. Zwei Weibsleute schaffen die Arbeit im Haus leicht. Du wirst diesen Winter nach Adorf gehen, als Magd."
Lina war schockiert über diese Ankündigung. Adorf lag zehn Kilometer entfernt. Das bedeutete zwei Stunden strammen Fußmarsch. Hin und zurück. Dazwischen die Arbeit als Magd.
Oder kam es noch schlimmer?
„Soll ich dort bleiben? Soll ich etwa aus dem Haus?", fragte sie ängstlich.
„Nein, nein. Logis gewährt dir der Bauer nicht. Eine warme Mahlzeit am Mittag und dein Lohn. Du wirst jeden Werktag hinlaufen müssen. Am Sonntag sehe ich dich lieber in der Kirche. Da bleibst du hier."
Lina wusste, dass ein Aufbegehren gegen den Vater aussichtslos war. Trotzdem versuchte sie es. „Ich will nicht so weit laufen. Und dann auch noch im Winter."
Der Vater wurde unwirsch. Widerspruch duldete er von niemandem aus seiner Familie. „Du weißt jetzt Bescheid. Das ist beschlossene Sache!"
Lina fühlte sich wie vor den Kopf gestoßen.
War das nur auf dem Mist des Vaters gewachsen oder steckte Johannette dahinter? Wollte die neue Hausfrau ihr

Regiment ohne eine Beobachterin führen? War ihre Freundlichkeit Lina gegenüber nur aufgesetzt?
Niedergeschlagen erzählte Lina Wilhelm von den Plänen ihres Vaters für sie. Der große Bruder war ihr über das Jahr zur wichtigen Stütze geworden.
„Klar hat Johannette die Finger mit drin", meinte Wilhelm. „Kannst du mit ihr sprechen? Von Mann zu Frau: Das geht meistens leichter. Mit Vater wäre sowieso jedes Gespräch zwecklos."
„Das hätte keinen Sinn. Selbst wenn Johannette einlenkte: Vater macht niemals einen Rückzieher, wenn er dich schon jemandem als Magd versprochen hat. Das schätzt du richtig ein."
„Was soll ich denn jetzt machen, Wilhelm?"
„Dich fügen", riet ihr der Bruder und legte ihr tröstend seine Hand auf den Unterarm.
Im November fiel der erste Schnee. Den Dienst sollte Lina während der Adventszeit antreten. In der eigenen Landwirtschaft gab es dann weniger zu tun. Die Ernte war eingebracht und verarbeitet – hauptsächlich die Weihnachtsvorbereitungen standen an. Arbeit für Johannette und Luise.
Ende des Monats hatte ihr Vater in Adorf zu tun. Er nahm seine Tochter mit und stellte sie ihrem neuen Dienstherrn vor. Lina erschrak vor dem brutalen Zug um seinen Mund. Sie ahnte, dass sie es nicht allzu gut mit diesem Bauern getroffen hatte.
Auf dem Rückweg unternahm sie einen letzten Versuch, den Vater umzustimmen. „Kannst du keinen anderen Bauern für mich finden? Ich mag ihn nicht."
„Der ist schon richtig."

„Und dann der weite Weg. Wie soll ich den zusätzlich zu der ganzen Arbeit Tag für Tag schaffen?“

„Man soll nicht klagen, wo man keine Not hat.“

Den Spruch hatte Lina schon tausend Mal abbekommen. Zu allen passenden und unpassenden Gelegenheiten.

Mit diesem Bescheid war der Vater fertig mit ihr. Wilhelm behielt Recht. Es war sinnlos zu versuchen, sich aufzulehnen. Nur Fortlaufen würde sie dem Beschluss des Vaters entziehen. Aber das wollte Lina auf keinen Fall. Schon etlichen jungen Leuten im Dorf war das übel bekommen. Auf der Welt ging es zu ungerecht zu, als dass darin für ein Mädel wie sie ohne den Schutz der Familie Platz gewesen wäre.

Ein harter Winter

Der Wind peitschte Lina Schneeflocken ins Gesicht. Die Straße war kaum auszumachen. Schneeverwehungen markierten ihren Verlauf leidlich. Die Berge rund ums Dorf waren nicht einmal zu erahnen. In klaren Nächten malten sich ihre Umrisse gegen den Sternenhimmel ab. Dann leuchtete der Mond ihr den Weg. Heute war es stockfinster. Nur das unbestimmte Schimmern der Schneedecke begleitete ihren morgendlichen Aufbruch.

Als sie am letzten Haus von Eimelrod vorbeiging, war Lina bereits völlig durchgefroren. Sie zog den wollenen Schal, den sie über den Kopf gezogen hatte, weiter in die Stirn. Von der Kirche her schlug es dumpf drei Uhr. Um fünf wurde sie in Adorf erwartet, um die Kühe zu melken und zu füttern. Erst danach würde sie ihren Mundvorrat auspacken dürfen und etwas in den Magen bekommen. Wenn sie Glück hatte, würde ihr die Bäuerin erlauben, sich am Küchenherd aufzuwärmen. Lina hoffte darauf, nach dem Melken im Haus bleiben zu dürfen, um Arbeiten in der gewärmten Stube zu verrichten. Die Bauersleute hatten sieben Kinder – da war immer was zu flicken. Doch der kalte Stall erwartete sie zum Abschluss ihres Arbeitstages auf jeden Fall erneut. Daran führte nichts vorbei. Melken und die Kühe letztmalig versorgen. Erst danach durfte sie heimgehen. Wieder im Dunkeln, wieder zwei Stunden Fußmarsch. Und morgen von vorn.

Etwa auf der Mitte ihres Weges erreichte sie den Weiler Giebringhausen. Hier schützten sie die Häuser ein wenig vorm Wind. Das Dorf war genauso spärlich beleuchtet wie Eimelrod. Nur da und dort schimmerte ein Lichtstrahl durch Stalltüren und durch Blendläden. Bauern, die sich zum Tagwerk bereit machten.

Ihre Hände spürte Lina in den wollenen Handschuhen kaum noch. Die Füße kribbelten wenigstens. Auf der Brücke über die Diemel blieb sie kurz stehen und betrachtete die Eiszapfen, die von ihrer Unterkante herunterhingen. Lina zog die Handschuhe aus, stopfte sie in die Taschen ihres Mantels und formte die Hände zu einer Muschel. Sie holte tief Luft und blies hinein. Der warme Atem brachte ein wenig Leben in die klammen Finger. Sie zog die Handschuhe wieder an und setzte ihren Weg fort.

Unterwegs dachte sie an wenig, eigentlich nur ans Ankommen.

Endlich, nach strammem Marsch, erreichte sie Adorf. Ihr Ziel lag ein gutes Stück diesseits des Ortskerns. Wenigstens das.

Lina bog von der Landstraße ab und ging direkt in den Stall. Der Bauer wartete schon auf sie. „Spät dran bist du heute. Mach hin!“ Mehr sagte er nicht, wies nur mit dem Kinn energisch in Richtung der im Stall aufgereihten Kühe.

Lina nickte nur und schnappte sich Melkschemel und -eimer. Sie setzte sich seitlich von der ersten Kuh nieder, zog die Handschuhe aus und hauchte zunächst ein paar Mal in die Muschel, ehe sie die Zitzen bearbeitete. In langem Strahl ergoss sich die Milch in den Eimer. Siebzehn Kühe standen im Stall. Es war ein reicher Bauer. Sonst hätte er sich keine Magd geleistet. Umso länger wäre sie mit dem Melken beschäftigt.

Bei der fünften Kuh unterlief ihr ein Missgeschick. Als sie den vollen Eimer in eine der Kannen umfüllen wollte, zuckte ihr Körper unter einem plötzlichen Anflug von Frösteln zusammen. Der Rand des Eimers rutschte von der Milchkanne ab und ein Schwall der kostbaren Flüssigkeit ergoss sich über den Stallboden. Dem Bauer war das nicht entgangen. Wutschnaubend stürzte er auf Lina zu und versetzte ihr eine Ohrfeige, dass ihr der Eimer beinahe ganz aus der Hand gerutscht wäre.

„Ungeschick lässt grüßen“, polterte der Bauer.

Ihr erster Eindruck von dem Mann hatte sie nicht getäuscht. Ein Herz aus Stein. Besonders ihr gegenüber, einer Bediensteten. Er schlug sie oft, aus geringstem Anlass. Niemand kümmerte sich darum. Diese Art der Behandlung war durchaus üblich. Immerhin benutzte der Bauer keinen Knüppel für seine Züchtigungen. Junge Burschen bekamen den häufig von ihren Dienstherrn zu spüren.

Mit brennender Wange setzte sich Lina erneut zum Melken nieder. Eine Träne tropfte neben den Eimer. Eine Träne des Schmerzes, eine Träne der Demütigung. Mägde zählten nichts auf dem Land. Weniger als eine Kuh. Nur eine Heirat würde sie hier herausbringen. Das war das Schicksal der Frauen.

Nach der letzten Kuh streute sie noch Heu in die Futterraufen. Zufrieden mampften die Tiere ihr Futter. Lina ging in die Küche, wo die Bäuerin herumfuhrwerkte. Auch sie war eine strenge Dienstherrin. Eine Schlaufe beim Stopfen der Wollsocken ihrer Kinder konnte genügen, um sich ihren Zorn zuzuziehen. Sie schimpfte dann unbeherrscht, ließ sich aber immerhin nicht dazu herab, Lina zu schlagen.

Trotzdem tat es weh, vor den Kindern derart heruntergemacht zu werden.

Im Küchenherd prasselte und knisterte es. Die Bäuerin hatte wohl gerade Holz nachgelegt. Die Wärme kroch in Linas ausgekühlten Körper. Sie bezog ihren Platz auf einer Bank neben dem Herd. Am Tisch der Familie durfte sie nicht sitzen. Vier der Kinder aßen dort Grütze aus einer Schüssel. Abwechselnd tauchten sie ihre Löffel hinein. Von Lina nahm keines der Kinder Notiz. Schon die Kleinsten hatten begriffen, dass es Hierarchien auf der Welt gab. Lina holte ihr Brot aus einer der Manteltaschen und biss herzhaft hinein.

„Möchtest du eine warme Milch?", fragte die Bäuerin.

Sie musste ziemlich verfroren aussehen, denn ein solches Angebot war absolut ungewöhnlich. Dankbar nahm sie die gute Gabe an.

„Da hinten liegt ein Stapel Unterhosen und Leibchen. Da waren anscheinend die Motten dran. Kannst du nach dem Misten ausbessern!"

Mehr sollte die Bäuerin an diesem Tag nicht mehr zu ihr sagen. Trotzdem war Lina froh über die Aussicht, dem eisigen Stall für ein paar Stunden entfliehen zu dürfen. Doch zunächst hieß es misten. Eine schwere Arbeit, die Lina trotz der Kälte zum Schwitzen brachte. Karre für Karre fuhr sie den Mist hinaus und schichtete ihn auf den Haufen vor der Stallwand. Sein Geruch war für ein Mädchen, das mit der Landwirtschaft aufgewachsen war, kein Naserümpfen wert. Nach dem Misten verteilte sie frisches Stroh unter den Tierleibern. Für heute Morgen war die Stallarbeit erledigt. Endlich durfte Lina hineingehen.

Das zu flickende Zeug wartete bereits auf der Bank neben dem Küchenherd auf sie. Daneben hatte die Bäuerin Stopfgarn, Schere und ein paar Nadeln gelegt. Lina war allein im Raum. Ihre Dienstherren unterrichteten sie nie darüber, welcher Wege sie gingen, ob sie irgendwo auf dem Hof beschäftigt waren, oder unterwegs. Als sie einmal danach gefragt hatte, wo der Bauer wäre, hatte sie seine Frau angeblafft, das ginge sie gar nichts an. Sie wäre nur zur Arbeit da. Seitdem verkniff sie sich jede Frage in dieser Richtung.
Lina setzte sich schräg auf die Bank, mit dem Rücken zum Herd. Sie rollte mit den verspannten Schultern. Die Strahlungswärme war selbst durch ihren dicken Strickpullover zu spüren.
Was für eine Wohltat!
Sie nahm die erste Unterhose vor und untersuchte das Gewebe. Gleich drei kleine Löcher hatten die Motten hineingefressen. Lina überlegte, wie sie vorgehen sollte. Allzu geschickt war sie nicht im Flicken. Aber, das würde sie schon schaffen. Gegen Mittag war der Berg Wäsche auf die Hälfte geschrumpft.
Die Bäuerin tauchte zwischendurch von irgendwoher auf und kümmerte sich ums Essen. Der Geruch nach Erbsensuppe erfüllte die Küche. Lina lief das Wasser im Mund zusammen. Die warme Mahlzeit gehörte zu ihrem Lohn – das hatte der Vater immerhin ausbedungen. Wenn ihr auch selten Fleisch gereicht wurde: In der Suppe würden wenigstens ein paar Fitzel der mitgekochten Schweinepfoten schwimmen. Sie freute sich darauf.
Wie auf Kommando füllte sich der Tisch mit Familienmitgliedern. Als alle eingetroffen waren, stellte die Bäuerin den

großen Topf einfach auf den Tisch. Ihr Mann sprach ein kurzes Gebet und sie füllte nacheinander die Teller auf. Zum Schluss brachte die Hausfrau Lina ihre Mahlzeit zur Bank und reichte ihr dazu einen Löffel. Gierig schlang Lina die Suppe herunter. Ihren Körper durchdrang die Wärme nun auch von innen. Mit Schaudern dachte sie bereits an den Rückweg, die Eiseskälte der hereinbrechenden Nacht.
Nach dem Essen arbeitete sie weiter an den Mottenlöchern. Nachdem sie das letzte Wäschestück ausgebessert hatte, wurde es Zeit, wieder in den Stall zu gehen. Erneut nahm sie sich Kuh für Kuh vor und melkte eine nach der anderen. Dann Füttern. Dieselbe Prozedur wie am Morgen.
Draußen war es lange dunkel, als sie ihr Tagwerk endlich verrichtet hatte. Ihr schauderte, als sie vor die Stalltür trat. Es kam ihr so vor, als bisse der Wind noch unbarmherziger zu als heute Morgen. Stöhnend schlug sie den Weg zurück nach Eimelrod ein. Immerhin hatte es aufgehört, zu schneien. Die Straße wurde jetzt auch durch die Spuren von Karren, Hufen und Schlittenkufen markiert.
Lina war erst eine kurze Weile unterwegs, als sie hinter sich ein Gespann hörte. Sie stellte sich an den Straßenrand, um Platz zu machen. Das Gespann stellte sich als ein Schlitten heraus, den ein Ochse gemütlich zuckelnd über die Schneedecke zog. Seitlich des Schlittens funzelte eine Laterne. Als das Gefährt fast auf ihrer Höhe angelangt war, erkannte sie den Kutscher, einen Nachbarn aus ihrem Heimatdorf. Freudig winkte sie Adolf Behle zu, einem ungefähr vierzigjährigen Junggesellen, der sie im selben Moment ebenfalls erkannte. Er hielt neben ihr an.
„Lina! Willst du nach Hause?“

„Guten Tag Adolf. Ja, ich will heim."
„Steig hinten auf. Ich nehme dich mit!"
Das ließ sich Lina nicht zwei Mal sagen. Solche glücklichen Zufälle erlebte sie auf ihren winterlichen Wegen nur selten. Es ging mit dem Ochsen zwar nicht schneller voran, dafür musste sie nicht zu Fuß durch den Schnee stapfen. Sie setzte sich mit dem Rücken zu Adolf auf den leeren Schlitten. Ihr Kutscher trieb den Ochsen an und das Gespann setzte sich wieder in Bewegung.
„Wo kommst du her, Adolf?"
„Dem Deisler fehlt es an Stroh diesen Winter. Ich hatte gerade nichts zu tun. Da habe ich ihm was gebracht."
„Nett, dass du mich mitnimmst."
„Ist doch selbstverständlich."
Mehr sprachen sie für den Moment nicht miteinander. Die Geräusche der Nacht bestanden aus ihrer beider Atmen, dem Hufgetrappel des Ochsen, dem gelegentlichen Klirren seines Geschirrs und dem Knirschen des Schnees unter den Kufen. Lina spürte, wie erschöpft sie vom langen Arbeitstag war und ihr fielen mehrfach die Augen zu. Kurz vor dem Einschlafen zuckte sie regelmäßig hoch.
„Bist du zufrieden mit deinem Bauern?", fragte sie Adolf unvermittelt.
„Er ist streng. Und er verlangt eine Menge für seine paar Kröten."
„Ja, die Großen. Das sind die Schlimmsten", merkte Adolf diffus an. Schon erstarb das Gespräch, ehe es richtig in Gang gekommen war. Erst nach langer Pause fiel ihm doch noch etwas dazu ein: „Musste dich dein Vater ausgerechnet bei dem verdingen?"

„Vater will keine Beschwerden hören. Kommst du ihm damit, sagt er nur: Man soll nicht klagen, wo man keine Not hat."
„Wir haben es alle schwer", antwortete Adolf unbestimmt und versank wieder in Schweigen.
So verlief die ganze Fahrt. Sie wechselten ein paar Worte – dann hing jeder wieder seinen eigenen Gedanken nach. Adolf war ein wortkarger Typ und Lina war einfach zu müde. Sie redeten noch über Neuigkeiten aus ihrem Dorf und der Umgebung, Hochzeiten, Verlobungen, Geburten, Todesfälle. Kurze Mitteilungen von Fakten. Schließlich war alles gesagt. Während der letzten halben Stunde ging es auf dem Schlitten stumm zu.
Sie erreichten Eimelrod und Adolf hielt den Ochsen vor dem Abzweig, der zu seinem Hof führte, an. Lina sprang vom Schlitten herunter.
„Danke Adolf. Du fährst nicht zufällig morgen wieder nach Adorf?"
Adolfs Grinsen war hinter seinem mit Eiskristallen besetzten Vollbart nur zu erahnen. Sie hörte es aber an seiner Stimme.
„Nee, Dirn[14]. Der Deisler hat erst mal genug Stroh. Bestell zu Hause schöne Grüße."
„Mach ich. Und danke nochmal."
Lina machte sich auf. Hinter der nächsten Straßenbiegung war sie zu Hause. Dort wartete das Feuer im Küchenofen auf sie, vielleicht eine Milchsuppe. Sie würde nach ihrem Verzehr bald ins Bett fallen.

---

[14] Mädchen

Es lohnte sich nicht, an die Zukunft zu denken, an ein Morgen oder Übermorgen. Das Leben fand im Jetzt statt, in der Gegenwart. Pläne waren etwas für Träumer. Außer Pläne, die das Auskommen der Familie betrafen. Doch die schmiedeten die Männer. Morgen würde Linas Fron schlicht aufs Neue beginnen.

Fragen des Lebens

Linas Leben verlief getaktet wie durch eine Uhr. Hätte man das Leben eines Menschen als eine Stunde gezählt, schmolz das einzelne Jahr zu einer Minute, einer Umrundung des Zifferblatts durch den zuckenden Sekundenzeiger. Frühling, Sommer, Herbst und Winter bestimmten den Rhythmus einer Landwirtschaft. Das waren die Viertelsegmente auf dem Kreis des Sekundenzeigers – von zwölf bis drei, von drei bis sechs, von sechs bis neun, von neun bis zwölf. Jeder seiner Schritte bedeutete eine Woche in dieser Zeiteinteilung. Das Pendel der Uhr durchmaß seine Schwungbahn, blieb dann am äußersten Anschlag einen Sonntag lang stehen, um einen Wimpernschlag später die nächste Woche in Gegenrichtung zu zählen.
Natürlich zählte diese Lebensuhruhr ein Jahr in nur 52 Schritten und niemand wusste, wie lang die Stunde eines Menschen bemessen war. Mal war sie kürzer als 60 Schläge, mal deutlich länger. Doch das Pendel, die Woche, galt einheitlich für alle, die in Eimelrod Landwirtschaft betrieben. Während es sich auf seiner Schwungbahn bewegte, gab es kaum einen Moment, um Luft zu schnappen.
Ihr Dienstherr deckte Lina den ganzen Tag mit Arbeit zu, um jeden seiner Groschen abgegolten zu erhalten. Hatte er nichts für sie zu tun, füllte die Bäuerin die Lücken. Und wenn es in der Land- und Hauswirtschaft zu Hause eng wurde, spannten sie die Eltern ganz selbstverständlich mit ein. So versickerte ihr junges Leben. Wie das aller Dorfbewohner. Nur kurz hörte man die Menschen darüber klagen.

Dann fuhren sie mit ihrer Arbeit fort oder fingen eine andere an – ganz im Bewusstsein, dass niemandem dieses Joch erspart blieb. Müßiggang war ein Fremdwort.
Einzig, wenn das Pendel am Endpunkt seiner Schwungbahn den winzigen Wimpernschlag eines Sonntags verharrte, war Lina ein Durchatmen gegönnt. Für das Mittagessen am Tag des Herrn waren jetzt Johannette und Luise zuständig. Nach dem Kirchgang konnte Lina so manchen Schwatz halten, behielt es bei, am Nachmittag den Jungmädchenkreis zu besuchen. Die Gesprächsthemen der jungen Frauen im Dorf kreisten mit dem Älterwerden immer mehr um aussichtsreiche Freier und nach und nach berichtete die eine oder andere, dass sie sich verlobt habe. Anette war die erste, die ihren Hochzeitstermin bekanntgab. Sie war gerade siebzehn geworden. Die Freundin würde eine gute Partie machen, einen Bauernsohn. Der Hof, von dem er stammte, war zwar nur mittelgroß, aber er besaß keine Brüder, die er ausbezahlen musste, und keine Schwestern, die eine Mitgift erwarteten.
Lina misstraute der Begeisterung, mit der Anette ihre Neuigkeit ausposaunte. Sie würde zu ihrem Bräutigam ziehen und dort für ihn und die Schweigereltern den Haushalt führen. Lina kannte die Leute. Keine angenehmen Zeitgenossen, besonders die Mutter nicht. Ein Drachen, wie man so schön sagte. Sie würde es der Schwiegertochter nicht leicht machen. Zu sagen hätte Anette als Hausfrau dort nichts.
War die Freundin in ihrer angeblichen Verliebtheit etwa blind für die Umstände, in die sie hineinheiratete? Oder steckte mehr dahinter? War Anette etwa schwanger? Und noch eine andere Frage keimte in Lina auf: Wäre sie selbst

schon bereit zu einem solchen Schritt? Ein Hausstand, ein Mann, Kinder?
Lina war keine Träumerin. Dazu hatte sie ihr eigenes Leben nicht erzogen. Sie sah deutlich, dass ein Schritt, wie ihn die Freundin ging, nur von einer Abhängigkeit in die nächste führte. Statt unter die Fuchtel ihres Dienstherrn und die Strenge ihres Vaters, geriete sie durch eine Heirat unter die Bevormundung des Ehemannes und seiner Eltern. Dazu war sie noch nicht bereit, obwohl sie wusste, dass am Ende die meisten jungen Frauen im Dorf Anettes Weg gehen würden. Welchen auch sonst?
Aber in diesem jungen Alter schon Mann und Kind?
Sie war ganz froh drüber, dass sie die Erziehung ihrer jüngeren Brüder komplett an Johannette und Luise abgegeben hatte. Was es bedeutete, einen Säugling zu versorgen, hatte Lina gerade erst wieder bei ihrem Halbbruder Karl gesehen, der kein Jahr nach der zweiten Hochzeit ihres Vaters zur Welt gekommen war. Ein weiteres Kind hatte sich bereits angekündigt. Nein, darauf war sie nicht scharf.
Natürlich hatten schon Freier beim Vater vorgefühlt. Gesagt hatte er ihr nichts, aber Lina war aufmerksam genug, um es auch so mitzubekommen. Sie verhielt sich abweisend, wenn ihr einer schöne Augen machte. Ihre Art war schroff genug, um die Mannsleute auf Abstand zu halten. In Eimelrod, wie auch sonst im Land, gab es etliche kriegsversehrte Junggesellen. Dem einen fehlte ein Arm, dem anderen ein Bein. Manchen sogar mehrere Gliedmaßen. Sie waren untauglich, die typischen Arbeiten der Landwirtschaft zu übernehmen. Natürlich suchten diese armen Tröpfe ihr Heil in einer Heirat. Sie war nicht herzlos, bestimmt nicht. Aber so

einen Krüppel wollte Lina auf keinen Fall zum Mann haben. Sein Teil der Arbeit bliebe dann zusätzlich an ihr hängen. Ein Kriegsversehrter könnte ihr ruhig das Blaue vom Himmel versprechen, sie würde seinem Werben niemals nachgeben. Das sah ihr Vater zum Glück genauso.
Überhaupt nicht vorstellen mochte sie sich, mit einem Kerl verheiratet zu werden, der kleiner oder gleich groß war. Für eine Frau war sie recht hoch gewachsen, um die eins siebzig. Lina wollte zu ihrem Zukünftigen aufschauen und ihm nicht auf den Scheitel spucken können. Das war ihre Mindestbedingung. Stattlich sollte ihr Bräutigam sein, unversehrt und kräftig. Ein Zwerg, das ging gar nicht.
Wenn sich die anderen jungen Frauen aus dem Dorf gegenseitig ihre Träume von einem schicken, schneidigen Burschen ausschmückten und darüber kicherten, wenn sie an denselben begehrten Freier dachten, überkam Lina eher Traurigkeit. Sie war nicht in der Lage, sich eine rosarote Zukunft in den Armen ihres Traumprinzen auszumalen – dazu war sie viel zu realistisch. Andererseits erschrak sie darüber, dass ihr selbst anscheinend keiner der begehrenswerteren jungen Männer die Sinne betörte.
War das normal? Fehlte ihr nur die Phantasie, um vom Ehestand zu träumen? Hatte sie Angst davor? Oder war das gar eine Krankheit?
Sie grübelte auf den langen Fußmärschen nach Adorf darüber nach. Schließlich gelangte sie zu der Erkenntnis, dass es nur gut für sie war, wenn sie skeptisch blieb. Das, was ihre Freundinnen ersehnten – einen Mann, einen eigenen Haushalt, Kinder –, dafür kam sie sich noch zu jung vor.

Alles, was es im Dorf außerhalb dieser Hirngespinste gab, kannte sie aus eigener Anschauung: Arbeit, Arbeit, Arbeit. Woher sollte sie auch Anregungen erhalten für eigene Träume? Aus den Kriegserzählungen der Männer? Aus den Predigten des Pfarrers? Aus dem Geplapper der Freundinnen?

Lina bedauerte, dass ihr Horizont so beschnitten war, sie die Hügel um Eimelrod sinnbildlich von der übrigen Welt abschirmten. Was gab es auf der Welt außer dem Ehestand noch, wovon es sich zu träumen lohnte? Was davon konnte sie überhaupt erreichen von ihrer Startposition aus, der einer ungelernten Magd vom Lande?

Eher in diese Richtung gingen ihre Gedanken. Antworten fand sie nicht. Ihre Uhr tickte gleichförmig weiter.

Anettes Hochzeit wurde mit einigem Prunk gefeiert. Eine ihrer Cousinen reiste aus Frankfurt an. Sie fiel sofort auf im Dorf, zog despektierliche Blicke auf sich. Man sah der jungen Frau, vielleicht fünfundzwanzig Jahre alt, die Städterin von Kopf bis Fuß an. Ein so elegantes Kleid hatte Lina nie zuvor gesehen. Alle anderen Frauen sahen gegen sie uniformiert aus in ihren anthrazitfarbenen oder schwarzen Roben. Lina schämte sich beinahe für die Besucherin, wenn sie die Kürze ihres Rocksaums betrachtete. Überhaupt schien die Zurschaustellung des Körpers Motto ihres Auftritts zu sein. Das Kleid besaß keine Ärmel, nur Armausschnitte. Sogar ihre Haare waren kurz geschnitten, nicht zu einem Knoten aufgesteckt, wie bei den Dorffrauen.

Und die Cousine rauchte!

Dazu benutzte sie ein langes Rohr, in dessen eine Öffnung sie die Zigarette hineinsteckte, und an dessen anderem Ende ein Mundstück ausgeformt war. Die Cousine sah für Lina aus, wie eine Schauspielerin. Die missbilligenden Blicke der Honoratioren des Dorfes quittierte sie mit einem schelmischen Lächeln. Sie gab sich überlegen, geradezu frech.
So selbstbewusst hätte man sein müssen!
Lina bewunderte die Frankfurterin und zuckte zugleich innerlich vor diesem Gefühl zurück.
Repräsentierte Anettes Cousine nun städtische Verderbtheit oder standen Frauen solche Freiheiten einfach zu? Genauso wie Männern?
Selbst die anwesenden Burschen wurden durch das Selbstbewusstsein der Frankfurterin brüskiert. Ernteten sie für ihre eindeutigen Blicke ein aufreizendes Ausblasen von Zigarettenrauch, sahen sie schamhaft weg. Niemand von ihnen traute sich, Anettes Cousine anzusprechen. Allzu deutlich verströmte sie weltgewandte Überlegenheit. Auch zum Tanz wurde die Frankfurterin nicht aufgefordert. Ihr machte das anscheinend nichts aus. Sie tanzte alleine, für sich. Die gierigen Blicke der Unentschlossenen schien sie regelrecht zu genießen.
Waren die Kerle in den Städten etwa anders? Ebenfalls auffällig gekleidet und selbstbewusst, dass es an Frechheit grenzte?
Ein Dorfmädchen musste ja bald Angst vor solchen Exemplaren bekommen!
Noch verstörender wirkte auf Lina die Zeitung, die die exotische Erscheinung zwischen einigen der jüngeren Frauen herumreichte. Ein Journal, das Zeichnungen enthielt von

der aktuellen Berliner Mode. Lina konnte zwischen den eng zusammengesteckten Köpfen des Publikums der Cousine den einen oder anderen Blick darauf erhaschen. Sie sah Kleider, die keine Taille besaßen, Säume, die über dem Knie endeten, sogar transparente Stoff oder Fransen, die den Durchblick auf noch mehr zuließen. Die abgebildeten Damen trugen überwiegend Kurzhaarfrisuren. Wie Männer sahen sie damit aus. Lina sah Haarbänder, aus denen Federn aufragten. Viele rauchten Zigaretten und benutzten dazu ein Rohr, wie es Anettes Cousine in der Hand hielt.
Sie fasste sich an ihren Haarknoten. Kurzgeschoren wie ein Schaf im Frühjahr: Nie, nie würde sie sich dazu durchringen. In einem Kleid, wie im Modejournal abgebildet, könnte sie sich nicht einmal selbst vor dem Spiegel betrachten, ohne rot zu werden. Erschiene sie in einem solchen Aufzug vor dem Vater, er würde sie totschlagen.
Unvermittelt waren diese Bilder in ihre dörfliche Sicherheit eingedrungen. Lina fasste den Entschluss, dass dies bestimmt keine Welt war, die sie an sich heranlassen wollte. Verstörend war das, geschmacklos.

Sechs Monate nach der Hochzeit brachte Anette einen Knaben zur Welt. Hatte Lina es doch geahnt!
Wenn sie jetzt mit der Freundin sprach, war es ihr, als ob ein anderer Mensch vor ihr stünde. Ohnehin waren es immer nur Minuten, die sich die junge Mutter für einen Plausch Zeit nahm. Glücklich war sie über den Nachwuchs, ja, aber sonst hatte sich nichts so sonnig ergeben, wie sie es den Freundinnen leuchtend ausgemalt hatte. Die

Schwiegermutter hatte sich als die herrschsüchtige Alte herausgestellt, als die sie im Dorf bekannt war, ihr Mann nahm seine Frau nicht vor der Alten in Schutz. Hilflos wurde Anette zur Magd degradiert, schlimmer noch, denn einen Feierabend gab es für sie weniger denn je. Dass sie selbst in den Nächten keine Ruhe fand, dafür sorgte der Säugling. Ihr Mann kümmerte sich überhaupt nicht um das Kind, und um es dem Drachen zu überlassen, dazu war ihre Freundin zu stolz. Wenigstens diesen Rest Opposition wollte sie sich anscheinend bewahren.

Wo war die Anette geblieben, die so lebhaft von den Wasserspielen in Kassel erzählt hatte?

Ihr Unglück zugeben würde sie gegenüber Lina natürlich nie.

Anettes Cousine blieb nicht die Einzige, die einen Hauch von Stadt ins beschauliche Dorf trug. Vaters Schwester, von allen nur liebevoll „Tante“ genannt, hatte nach Essen geheiratet und betrieb dort mit ihrem Mann eine Brennerei. Wenn sie zu Besuch kam, kehrte für ein paar Stunden eine gewisse Leichtigkeit und Fröhlichkeit ins Haus Meier ein. Auf ihrem Mondgesicht trug Tante den beständigen Anflug eines Lächelns. Eine Äußerlichkeit, die ansteckend wirkte. Besonders auf ihr Patenkind Lina.

„Willst du uns nicht mal in Essen besuchen kommen?“, fragte Tante sie bei einem ihrer Besuche.

Lina druckste herum. „Vater würde mir nie das Geld dazu geben.“

„Der Geizhals! Ich würde dir natürlich die Fahrkarte kaufen."

Lina erschauderte. Zwar lag oberhalb des Dorfes ein Bahnhof, doch weiter als bis nach Korbach oder Willingen war sie noch nie mit dem Zug gefahren. Ihr Horizont erfasste gerade diesen Umkreis von nicht einmal zwanzig Kilometern. Essen, das hieß drei Mal umsteigen, wie sie wusste. Eine so lange Fahrt und ganz allein? Welche Gefahren lauerten dort draußen auf ein Mädchen vom Lande? Unwillkürlich musste sie an Anettes Cousine denken. Sich unter solchen Menschen bewegen? Nein, ein Abenteuer dieser Art traute sie sich alleine keinesfalls zu.

„Mein Bauer gibt mir kein Frei dafür", redete sich Lina gegenüber Tante heraus.

„Dein Vater kann dich bestimmt für eine Woche oder so loseisen. Den Lohnausfall lege ich drauf. Die paar Kröten kann ich mir gerade noch leisten."

„Jetzt nicht. Vielleicht später mal."

Tante gab Ruhe. Aber sie hatte Lina einen Floh in den Kopf gesetzt. Einen Traum, genährt von Neugier. Einen Traum, der über die Hügel von Eimelrod hinwegwies.

Einmal Tante besuchen! Einmal mit eigenen Augen sehen, wie die Frauen in der Großstadt herumliefen! Das wäre schon was!

Ob sich die Damenwelt in Essen wirklich so elegant und aufreizend ausstaffierte, wie die Berlinerinnen im Modejournal von Anettes Cousine?

1923 wurde als letzter Spross der Familie Halbbruder Walter geboren. Die bedrückende Enge im Hause Meier wurde noch unerträglicher. Ihre Brüder murrten, dass Karl nun mit bei ihnen im Zimmer schlafen sollte. Einen so kleinen Knirps wollten sie nicht bei sich haben. Luise schlug vor, Karl im Zimmer der Mädchen einzuquartieren. Er sei noch so klein – da gäbe es doch sicher keine Einwände. Johannette fand diesen Vorschlag gut. Vater Christian war es sowieso egal.
Also zog Karl bei Lina und ihrer Stiefschwester ein, was ihnen manche unruhige Nacht bescherte. Besonders, wenn der Kleine kränkelte, fieberte oder hustete, fanden sie des Nachts keine Ruhe mehr. Oft ging Lina genauso müde nach Adorf, wie sie abends ins Bett gefallen war. Keine gute Idee von Luise, freiwillig einzuspringen. Immerhin war sie es, die den Jungen tröstete, wenn er nachts weinte. Lina musste zugeben, dass sie sich rührend um Karl kümmerte.
Wäre Luise etwa schon bereit für ein eigenes Kind? War sie mit ihren mütterlichen Gefühlen weiter als Lina? Oder wollte sie nur ihrer Mutter einen Gefallen tun?
Sie wagte nicht, die Stiefschwester danach zu fragen.

Als Tante ihr Angebot, sie in Essen zu besuchen, anlässlich Walters Taufe wiederholte, fasste sich Lina ein Herz. Wenn sie irgendwann einmal die Nase über den Dorfrand hinausstrecken wollte, musste sie endlich mutig zugreifen. Schließlich wurde sie demnächst neunzehn und hatte im Grunde noch nichts wirklich Spannendes erlebt. Außerdem hatte der unerwartet über sie gekommene Traum ein merkwürdiges Fernweh in ihr geschürt. Die Gelegenheit, ihn Wirklichkeit werden zu lassen, wollte beim Schopf gegriffen werden.

Nur: Wie sollte sie es dem Vater beibringen?

„Das überlass getrost mir“, meinte Tante nur, als sich Lina mit ihren Bedenken an sie wandte.

Sie wurde zuversichtlich. Wenn jemand ihren Vater in den Griff bekam, dann war es seine Schwester. Ihre unaufdringliche, alle Bedenken und Hindernisse weglächelnde Art, würde den Bruder erweichen.

Bereits am Tag nach ihrem Gespräch, hatte Tante Vater Christian um den Finger gewickelt. Lina sollte für eine Woche nach Essen fahren, sobald er mit ihrem Dienstherrn einig geworden war. Tante hatte es geschafft!

Lina schwankte zwischen Vorfreude und Angst vor der eigenen Courage. „Wie hast du das denn angestellt?“, wollte sie von Tante wissen.

„Ich habe Christian erzählt, was man in der Stadt verdienen kann. Sogar als ungelernte junge Frau. Da hat er Augen gemacht. Vielleicht plant er ja was.“

Linas Vorfreude schwand. Stattdessen wurden ihre Ängste befeuert. Nicht nur die vor der eigentlichen Reise. Mehr noch die vor den möglichen Konsequenzen. Ein kleines Abenteuer hatte sie sich erhofft, eine Auszeit, ein Erlebnis, von dem sie den Freundinnen im Dorf ebenso berichten konnte, wie seinerzeit Anette von ihrem Ausflug nach Kassel.

Jetzt sah sie vor allem die Gefahr, die hinter diesem Schritt hinaus in die Welt lauerte. Wollte der Vater etwa einen der vielen Esser im Haus loswerden?

Die Stadt lockt

Im nächsten Herbst rückte Linas Reise in greifbare Nähe. Die Bäume hatten sich längst gelb gefärbt, der größte Teil der Ernte war unter Dach und Fach. Ein guter Zeitpunkt, um eine kleine Auszeit zu nehmen. Vater Christian hatte mittlerweile mit ihrem Dienstherrn gesprochen und sie hatten sich auf eine Woche Anfang November geeinigt.

Wilhelm ließ es sich nicht nehmen, den Koffer seiner Schwester zum Bahnhof zu tragen. Die anderen Mitglieder der Familie hatten kein Aufheben um ihr Lebwohl veranstaltet. „In einer Woche bist du ja wieder da“, das waren die Worte des Vaters gewesen. Mehr um sich selbst zu versichern, dass die Arbeitskraft seiner Tochter wiederkehrte, schien es Lina. Die jüngeren Brüder waren um sie herumgesprungen wie immer, Johannette hatte ihr aus der Küche einen Abschiedsgruß zugerufen, Luise bekam sie gar nicht zu Gesicht.

Hatte sie mehr erwartet?

Schließlich ging sie für sich persönlich einen großen Schritt!

Der Weg zum Bahnhof führte stetig durch Wald bergan. Keine Anstrengung, die ihren älteren Bruder zum Keuchen gebracht hätte. Der harte Alltag hatte die Jugend im Dorf zu ausdauernden Arbeitern geformt. Das bisschen Reisegepäck und ein Hang – keine Herausforderung, die den Puls beschleunigte.

Anders stand es um Linas Herz. Es pochte ein paar Schläge schneller als gewöhnlich. Nicht wegen der Steigung. Die war sie genauso gewohnt wie Wilhelm. Die Gedanken daran, was vor ihr lag, brachten ihren Kreislauf in Aufruhr.

Worauf hatte sie sich bloß eingelassen!

Als sie die Dampflokomotive von Ferne ihre Rauchwolken ausstoßen sahen, umarmte Wilhelm seine Schwester. Eine Geste, die in ihrer Familie höchst selten vorkam.

„Ich beneide dich um diese Reise, weißt du das?“

„Wenn ich hier so stehe, könnte ich sie dir fast abtreten. Soviel Angst habe ich davor.“

„Ach was. Tausende fahren Zug und alle kommen an. Tante wird dich ja sogar in Essen am Bahnhof abholen. Du gehst uns schon nicht verloren. Viel Glück!“

„Danke, Wilhelm. Irgendwie bist du der Einzige, der zeigt, dass ihm etwas an mir liegt. Lass es dir gut gehen!“

„Den Kleinen darfst du das nicht verdenken. Die haben dich auch gern!“

Der Zug fuhr ein, und Lina kletterte über die steilen gusseisernen Stufen in den Waggon. Sie fand einen Fensterplatz und stellte sich zum Winken an die Scheibe. Da stand Wilhelm, ernst und stark. Wieder einmal spürte sie, wie sehr er ihr zur Stütze geworden war. Der Zug ruckte an und sie winkte ihm wehmütig zu. Der Bruder wurde immer kleiner, dort am Bahnsteig, bis er in einer Kurve hinter den Bäumen, die entlang den Schienen wuchsen, verschwand.

Lina verstaute ihren Koffer im Gepäcknetz und setzte sich.

„Jemand zugestiegen?“, hörte sie den Schaffner rufen. Schüchtern reichte sie ihm ihre Fahrkarte.

„Oh, bis Essen fährst du. Eine weite Reise für eine so hübsche junge Frau. Grüß mir die Stadt!“

Schon war der Schaffner, der kaum älter sein konnte als Wilhelm, eine Bank weitergegangen. „Noch jemand zugestiegen?“

Lina war seltsam berührt. Hübsch hatte sie bisher noch niemand genannt. Die Burschen aus dem Dorf trauten sich das nicht, denn sie hielt immer noch alle auf Abstand. Hinter ihrem Rücken wurde bestimmt gemunkelt, sie sei schroff und abweisend. Dabei war das nur Fassade. Eben ihre Methode, um nicht gleich mit dem ersten besten Bauernsohn unter die Haube gesteckt zu werden. Bislang erfolgreich.

Sie verharrte nicht lange bei diesem Gedanken, denn bald schon musste Lina das erste Mal umsteigen. Mehrfach studierte sie den Fahrplan, der in der Wartehalle ausgehängt war, um ja den richtigen Zug für ihre Weiterreise zu nehmen. Lina war erst beruhigt, ihn erwischt zu haben, als der nächste Schaffner sich nicht über ihr Reiseziel wunderte. Sie schien in der richtigen Richtung unterwegs zu sein.

Die Haltestationen kamen und gingen. Zwei weitere Male musste Lina noch den Zug wechseln. Fahrgäste stiegen zu und verließen den Waggon. Auf den ersten Abschnitten der Strecke Leute vom Land, ihre Leute, manch einer mit einem Korb Eier oder einem Käfig mit Hühnern unterwegs, wohl im Vorhaben, die Ware irgendwo zu verkaufen. Es ging ungezwungen zu, sogar unter Fremden. Man scherzte miteinander, scheute sich nicht, einander anzusprechen. Lina war das etwas unheimlich. Sie machte sich möglichst klein und starrte angestrengt aus dem Fenster. Komplimenten oder lockeren Sprüchen stand sie hilflos gegenüber.

Je weiter Lina sich dem Ruhrgebiet näherte, desto mehr veränderten sich die Mitfahrenden. Ältere Herren mischten sich darunter, mit Vollbärten und gewichtiger Miene. Frauen waren eher weniger unter den Fahrgästen. Dafür junge Männer, bisweilen mit einer Schülermütze auf dem Kopf. Einer von ihnen hievte ihr den Koffer ins Gepäcknetz, nachdem sie in Hagen das letzte Mal umgestiegen war. Sie spürte, wie sie errötete. Eigentlich hätte sich Lina wie eine Reisende von Welt vorkommen sollen, die von einem Kavalier umgarnt wird. Der lockere Umgang mit dieser kleinen Gefälligkeit gelang ihr einfach nicht. Wurde rot wie eine dumme Pute. Landpomeranze! – schimpfte sie sich ärgerlich selbst.

Ab Hagen erhielt sie eine Ahnung davon, was „Stadt" bedeutete. Von den Gleisen aus sah man in die Hinterhöfe mehrstöckiger Häuser hinein, ab und zu öffnete sich der Blick in Straßenschluchten. Es herrschte ein für sie ungewohntes Gewimmel. Damen promenierten am Arm ihrer Männer. Die Paare schienen keine Eile zu haben, waren nirgendwohin unterwegs, gingen offensichtlich nur zum Spaß ein paar Schritte. Lina sah sogar etliche Automobile. An den nächsten Stationen stiegen mehr Leute aus und ein, als auf der gesamten hinter ihr liegenden Strecke.

Wie sollte sie sich in diesem verworrenen Durcheinander zurechtfinden?

Am Bahnhof Essen-West stieg sie aus. Sie reckte den Hals nach Tante. Auf dem Bahnsteig entdeckte Lina sie nicht.

Wartete Tante etwa vor dem Bahnhof auf sie?

Bang reihte sie sich in die Traube der ausgestiegenen Fahrgäste ein. Lina trieb mit ihnen in die Vorhalle. Kaum durchschritt sie das Portal nach draußen, entdeckte sie Tante.

Erleichtert winkte sie hinüber. Auch Tante hatte sie bemerkt. Mit strahlendem Mondgesicht kam sie auf die Nichte zu.
Es wurde eine herzliche Begrüßung. Wie anders wurde sie hier empfangen, als von der Familie in Eimelrod verabschiedet! Tante klammerte sich um ihren Hals, dass sie beinahe glaubte, erdrückt zu werden. „Schön, dass du endlich da bist, Kind!"
Sie machten sich zu Fuß zum Haus der Külkers – so hieß Tante mit Nachnamen - auf, das nicht weit vom Bahnhof entfernt lag. Als sie hineingingen staunte Lina, wie großzügig es geschnitten war. Keine Spur von der Enge in ihrem Zuhause. Tante zeigte ihr ein Zimmer, das ausschließlich Gästen vorbehalten war. Überwältig von diesem Luxus legte Lina ihren Koffer aufs Bett.
„Pack erst mal aus, Kind, und mach dich etwas frisch. Dann kommst du herunter und wir essen zu Abend."
Lina gab sich ungewöhnliche Mühe mit ihrem Aussehen. Zunächst wusch sie lange Gesicht und Hände am Waschbecken im Zimmer. Von der Reise war sie genauso schmutzig geworden wie von der Feldarbeit – stellte sie überrascht fest. Sie öffnete ihre Haare und bürstete sie. Dann steckte Lina sie vor dem Spiegel ordentlich wieder auf. Sie nahm ihr zweites Kleid aus dem Koffer und schlüpfte hinein.
Gerade war sie hergerichtet, da wurde sie zum Abendbrot gerufen. Mittlerweile war auch Tantes Mann eingetroffen, Onkel Wilhelm. Er begrüßte Lina nicht so überschwänglich wie seine Frau, war aber ebenfalls sehr nett zu ihr. Kurz danach kam Willi heim, ihr etwa gleichaltriger Cousin.

Während des Essens bestimmte Onkel Wilhelm das Gespräch, während Willi ihr verstohlene Blicke zuwarf.
„Sag, Lina, womit verbringst du deine Tage in Eimelrod? Die Schule liegt ja lange hinter dir", erkundigte sich Onkel Wilhelm irgendwann aus dem Zusammenhang heraus.
Lina wurde warm am Hals. Sie war es einfach nicht gewohnt, nach persönlichen Belangen gefragt zu werden.
„Ich arbeite als Magd in Adorf."
„Immer noch? Hat Schwager Christian denn kein Einsehen, dass er dir zumindest eine Stelle beschafft, die näher an Eimelrod liegt?"
„Eine Hilfe kann sich bei uns kaum jemand leisten. Ich muss zufrieden damit sein, wenigstens in Adorf arbeiten zu dürfen."
„Hast du denn schon einen netten jungen Mann kennengelernt?"
Lina merkte, wie die Hitze vom Hals zu ihren Wangen hochstieg. Dass der Onkel so mit der Tür ins Haus fiel, darauf war sie nicht gefasst gewesen. Hilflos im Umgang mit solch forschen Erkundigungen, zuckte sie bloß die Schultern.
Tante rettete sie. „Wilhelm, sei bitte nicht so direkt. Lass Lina doch erst mal ankommen. Sie wird deine Neugier schon noch befriedigen."
Der Onkel zog eine Augenbraue hoch. Lina sollte ihn später noch für seine unverstellte Direktheit schätzen lernen. Er verstand es genauso, auf den Fingerzeig seiner Frau hin diskret das Thema zu wechseln. Sie war dankbar dafür.
Nach dem Abendbrot zog sich der Onkel in einen Ohrensessel zurück und entzündete genüsslich eine Zigarre. Tante

besorgte zusammen mit Lina zunächst den Abwasch, dann setzten sie sich am Tisch bei einem Glas Mosel zusammen. Lina stieg der Wein mit dem ersten Schluck in den Kopf. Alkohol war sie von zu Hause nicht gewohnt. Der Vater hätte sie dafür gescholten.

Tante schnitt ein wichtiges Gesicht. „Ich möchte etwas mit dir besprechen, Kind. Du weißt ja, dass ich Christian bereits angedeutet habe, wie viel besser sogar ein ungelerntes Mädchen in der Stadt verdienen kann. Wir kennen einige Leute, die eine Haushaltshilfe suchen. Ich will dich nicht überfallen damit. Aber während du hier bei uns bist, kannst du dir das ja in aller Ruhe durch den Kopf gehen lassen."

Lina atmete tief ein. „Das ist hier alles noch so neu für mich. Ich habe keine Ahnung, ob ich das will. So weit weg von meiner Familie und vom Dorf bei fremden Menschen. Glaubst du, das könnte ich?"

„Ob du dich trennen kannst von der Heimat, das musst du selbst herausfinden. Aber wir würden natürlich darauf achten, dass du in einen netten Haushalt kommst. Bestimmt netter, als dein grober Hauklotz von Bauer in Adorf."

„Versprechen kann ich dir nichts, Tante. Aber ich werde darüber nachdenken."

„Damit bin ich für heute zufrieden. Morgen gehe ich mit dir in die Stadt zum Einkaufen. Ich möchte dir ein neues Kleid schenken. Bei der Gelegenheit zeige ich dir unser Warenhaus, Althoff. Da finden wir bestimmt was für dich."

Lina kamen die Zeichnungen im Modejournal in den Kopf, die kurzen Kleider mit den Fransen. Dachte die Tante an so etwas?

Das wäre bei der Arbeit bloß unpraktisch und ihr Vater würde ihr so einen Fetzen bestimmt verbieten. Sie sagte Tante gegenüber zwar nichts, schlief in dieser Nacht jedoch schlecht bei diesem Gedanken.

Am nächsten Tag brach Lina nach dem Frühstück mit Tante auf. Sie nahmen die Elektrische, um in die Stadt zu kommen. Nach wenigen Haltestellen stiegen sie am Limbecker Platz wieder aus. Ehe Lina sich versah, stand sie im Kaufhaus Althoff. Sie staunte das Sortiment an, ein für sie bisher unvorstellbarer Überfluss. In der Haushaltswarenabteilung blieb sie vor feinem Porzellan, Silberbestecken, Kochgerätschaften – vom Schneebesen bis hin zu Töpfen in verschiedenen Größen –, und vor einer Waschmaschine stehen. Ein sehr praktisches Gerät, das der Hausfrau einen Teil der schweren Arbeit des Waschens erleichterte. In anderen Abteilungen ging es um elektrische Lampen, Uhren und Schmuck, Parfümerieartikel, Süßigkeiten, Schreibwaren, Bücher, Grammophonplatten und vieles mehr. Was das Herz begehrte, konnte der Interessent hier unter einem Dach finden. Manche Dinge muteten Lina so fremdartig an, dass sie Tante nach ihrem Zweck fragte. Geduldig erklärte sie ihrer Nichte Gebrauch und Funktionsweise der Wunderdinge und gab ihr ausreichend Zeit, sich alles genau anzusehen. Einige der ausgestellten Artikel kannte sogar sie nicht. Zuletzt gingen sie in die Damen-Oberbekleidung. Eine Verkäuferin kam auf sie zu und begrüßte sie freundlich. Tante erklärte ihr, dass sie ein Kleid für ihre Nichte suche. Die Verkäuferin schätzte Linas Kleidergröße und führte ihre

Kundinnen zu einem Ständer, auf dem schier unvorstellbar viele verschiedene Modelle hingen. Nachdem sie Linas Wünsche erfragt hatte, zog sie ein paar aus dem Ständer heraus. Lina stellte erleichtert fest, dass keine kurzen Fetzen nach Art der Abbildungen im Modejournal von Anettes Cousine dabei waren. Nur ungern hätte sie Tante enttäuscht und ihr zu verstehen gegeben, dass sie niemals ein solches Kleid mit nach Hause bringen durfte.

Sie suchte aus der Auswahl zwei Modelle heraus, die ihr besonders gut gefielen. Die Verkäuferin zeigte ihr eine Kabine, in der sie beide anprobieren konnte. Nacheinander zog Lina die Kleider über und trat aus der Umkleide heraus, um sie Tante vorzuführen. Anschließend betrachtete sie sich selbst im Spiegel. Ihre Verkäuferin besaß ein gutes Auge. Die beiden Kleider passten perfekt.

Am Ende entschied sich Lina für das Kurzärmelige in dunkelblau. Säume und Kragen waren mit einer weißen Zickzack-Litze abgesteppt, bis zur Taille war es mit großen weißen Knöpfen besetzt. Ein weißer Gürtel gehörte dazu, der eine ebenfalls weiße Schnalle trug. Der Rock darunter war in Kellerfalten gelegt. Bezüglich der Länge des Kleides hatte Lina jedoch Bedenken. Es reichte nur eine Hand breit über die Knie. Wenn sie dieses Kleid zu Hause anzog, würde sie sich den Vorwurf anhören müssen, übermütig geworden zu sein.

Tante bemerkte offensichtlich, dass sich ihre Nichte in diesem Kleid zwar gefiel, es ihr aber zu kess erschien. „Das nehmen wir“, entschied sie trotzdem energisch.

Unter diesen Umständen mochte Lina nichts mehr einwenden. Sie zog in der Kabine wieder ihr eigenes Kleid an und anschließend gingen sie hinter der Verkäuferin her zur Kasse. Tante bezahlte einen astronomischen Preis. Beinahe hätte ihr Lina den Kauf im letzten Moment ausgeredet. Doch dann sagte sie sich, dass Tante mit den Preisverhältnissen in der Stadt vertraut war. In ihrem Gesicht war beim Kassieren jedenfalls keine Überraschung zu erkennen gewesen.

Glücklich folgte Lina ihrer Wohltäterin in ein Café. Ausgelassen plauschten sie miteinander, zum ersten Mal auf Augenhöhe, wie unter Gleichaltrigen. Sie hatten einen Fensterplatz ergattert und Lina schaute den Passanten auf der Straße nach. Das Wetter war heute trotz des fortgeschrittenen Herbstes ausgesprochen mild und die Damen flanierten in leichter Kleidung. Keine besaß ein so schönes Kleid, wie sie – da war sich Lina nach geraumer Zeit sicher. Und das Modejournal von Anettes Cousine schwindelte. Niemand lief hier mit Fransen am Rocksaum herum.

Die Tage in Essen verflogen. Das Wetter hielt sich, wenn es auch am Folgetag gleich deutlich kälter wurde. Doch Lina machte das wenig aus. Gegen das raue Klima in Eimelrod war das hier gar nichts.

Tante zeigte ihr noch andere Ecken der Stadt. Langsam gewöhnte sich die Besucherin vom Lande an das Gewimmel. Im Grunde fühlte sie sich mit jedem Tag wohler in Essen. Was Lina vermisste, waren die Hügel und die Wälder ihrer Heimat. Am Südrand der Stadt, erzählte Tante, gäbe es auch solche Landschaften. An Linas letzten Nachmittag fuhren sie gemeinsam hinaus und die Besucherin lernte auch dieses

Gesicht von Essen kennen. Kein Vergleich mit Eimelrod, aber immerhin. Das Ruhrtal durfte man durchaus idyllisch nennen.

Längst nicht überall in Essen ging es mondän und luxuriös zu. Mit der Elektrischen fuhren sie gelegentlich an Arbeitersiedlungen vorbei, in denen es mit Sicherheit ebenso beengt und einfach zuging, wie bei ihr zu Hause. Grau und trostlos wirkten diese Quartiere auf sie. Selbst die Luft schien eine Spur dunstiger zu sein, als anderswo in Essen. Darüber würde Lina in der Stadt bestimmt nie hinwegsehen können: den Schmutz, der sich rußig über alles legte. Oft meinte sie, ihn zu riechen.

Am Samstag verließ Lina Essen, eine Fülle neuer Eindrücke im Kopf. Schon etwas selbstsicherer als bei der Herfahrt, bewältigte sie Umsteigen und Finden der richtigen Verbindung. Am Abend wurde sie wieder von Wilhelm am Bahnhof abgeholt.

Vater Christian war noch nicht vom Feld zurück. Johannette und Luise empfingen sie zu Hause. Stolz erzählte Lina von ihrem neuen Kleid. Sie musste es gleich vorführen. Als sie umgezogen in die Küche trat, bemerkte sie Luises neidischen Blick.

Johannette rümpfte die Nase. „Das sieht deiner Tante ähnlich. Zieh's schnell wieder aus, ehe es dein Vater sieht."

Das hatte sie befürchtet. Dabei waren doch nur die Arme ab Mitte des Oberarms und das bisschen Wade zu sehen!

Enttäuscht zog Lina ihre Alltagsrobe an. Sie packte das Geschenk von Tante in Seidenpapier ein und verstaute es sorgfältig im Schrank. Die Zeit, es anzuziehen, würde bestimmt noch kommen. Da war sie sich sicher.

Der Ausflug in die Stadt hatte in Lina unerwartet eine neue Sehnsucht freigesetzt. Natürlich liebte sie ihr Dorf, die Landschaft, die Wiesenblumen im Sommer, das Tal der Diemel. Sie hing auch ungeachtet der kleinen Enttäuschungen an ihrer Familie. Doch es war etwas in ihr Leben getreten, das sie permanent beschäftigte. Sie dachte häufig an die wunderbaren Dinge bei Althoff, von denen hier niemand eine Ahnung besaß, oder an die städtische Lebensart. Um wie viel größer erschien ihr auf einmal die Welt, das, was hinter den Hügeln Eimelrods lag!

Wollte sie wagen, Tantes Vorschlag zu folgen? Übersiedeln nach Essen? In einem Haushalt arbeiten?

Sie sprach mit Bruder Wilhelm darüber.

„Tu's! Wenn ich die Möglichkeit hätte, sofort würde ich weggehen. Was erleben wir in unserem Dorf schon, außer dem Umgraben der Erde und dem Aufschichten von Mist? Du darfst dich glücklich schätzen, dass Tante dich hier herausholen will!"

„Ich bin nicht so mutig wie du."

„Du bist jung und klug. Warum diese Furcht vor Neuem? Schau dir an, was einer auf sich nimmt, der nach Amerika auswandert. Dagegen ist deine Veränderung ein Klacks!"

„Ob Onkel Wilhelm etwas für dich finden könnte in Essen? Dann könnten wir zusammen gehen."

„Ich habe schon an so etwas gedacht. Vielleicht bewerbe ich mich bei einer Zeche."

„Was? Den ganzen lieben Tag lang ohne einen Sonnenstrahl? Soweit würdest du gehen?"

„Wenn es keine andere Möglichkeit gibt …“

Wilhelm ließ den Satz offen und ihr Gespräch erstarb. Sein Nachhall bohrte aber weiter in Lina. Welche Opfer ihr Bruder bringen würde, um aus Eimelrod wegzukommen – das begriff sie kaum. Die Arbeit in einem Haushalt zählte nichts dagegen.

Eines Tages fasste sie Mut und sprach den Vater auf Tantes Vorschlag an.

„In die Stadt willst du? Nicht eher, als du volljährig bist. Dann kannst du meinetwegen gehen. Bis dahin bleibst du hier.“

Das war nur noch ein gutes Jahr. Ganz unrecht war Lina das nicht. So blieb ihr genügend Zeit, um sich an den Gedanken zu gewöhnen.

Tante schrieb Lina mehrfach und berichtete ihr über offene Stellen. Dass ihre Nichte warten sollte, bis sie volljährig war, sah sie nicht ein. Dafür blieb ihr Bruder umso hartnäckiger. Lina spürte unterdessen immer deutlicher, dass sie einfach irgendwann ins kalte Wasser springen musste. Zu eintönig und beschränkt verlief ihr Leben auf dem Dorf. Wollte sie nicht als Landpomeranze verdorren, war sie gezwungen, das einzige Angebot, das sie hatte, nämlich das von Tante, anzunehmen.

Was gab sie schon auf?

Natürlich die Nähe zur Familie. Dann das Dorf, ihre Freundinnen, die Natur ringsum, die sie in sich trug. Wenn sie an den Schmutz und den Lärm in der Stadt dachte, wurde ihr ganz anders. Keine Wälder, keine Äcker. Sie würde hauptsächlich im Haus arbeiten müssen, selten den Wind auf der Haut spüren. Das war der Preis, um ihrem strengen Dienstherrn zu entkommen. Dafür würde es mehr Geld geben, freie Tage hatte ihr die Tante versprochen. Und schließlich besaß sie in ihr immerhin jemanden aus der Familie in der Stadt. Tante würde ihr in allem helfen, da war sich Lina gewiss.

Sie schwankte mehrfach zwischen Entschlossenheit und Vorbehalten hin und her. Dabei blieben die Argumente, den Wechsel zu wagen oder nicht, stets dieselben. Es fehlte ihr schlicht an Wagemut. Das Gewohnte hielt sie fest, umklammerte sie, hing an ihr wie ein Gewicht. Die Sicherheit, das Gewisse, hielt sie am Ort, an dem sie geboren worden war. Gleichzeitig stieß sie eine andere Kraft fort in die Ferne. Diesen Zwiespalt löste nicht einmal die Zeit auf.

Ihre Leute machten es ihr nicht leichter. Niemand, außer Wilhelm, scherte sich um Linas Zukunft. Alle lebten nebeneinander her, gingen ihren Aufgaben nach. Keiner stand für tiefere Gespräche bereit.

Johannette blieb zwar liebenswürdig, bevorzugte aber klar Luise und ihre eigenen Buben. Lina erwischte sie dabei, wie sie die Brote für ihre Stiefschwester und Karl im Dunkeln schmierte. Sie wusste, was das bedeutete. Die anderen im Haus sollten nicht mitbekommen, dass die Butter auf diesen Scheiben dicker gestrichen war als auf denen für den Rest der Familie. Auch Heinrich und Fritz schien das nicht entgangen zu sein. Klammheimlich vertauschte der ältere der beiden sein eigenes Butterbrot mit dem für Karl. Als Johannette dies mitbekam, wurde Heinrich vom Vater schwer gezüchtigt. Tagelang konnte er kaum sitzen. Das säte natürlich Zwietracht unter dem Dach der Meiers.

Tante kam erst wieder im September auf Besuch. An einem der Tage nahm sie ihre Nichte beiseite. „Du wirst im Dezember volljährig, Lina. Es gibt da eine sehr nette Familie, die dich gerne kennenlernen würde. Sie haben zwei Jungs im Alter von Karl und Walter. Frau Gehring erwartet im März wieder Nachwuchs. Ihre derzeitige Hilfe heiratet im Oktober und will dann möglichst bald zu ihrem Mann ziehen. Eigentlich könnte Hilde Gehring ab da schon Unterstützung gebrauchen, wäre aber bereit, bis Januar zu warten. Ich kann dir diese Familie nur empfehlen. Gehrings sind immer gut zu ihren Hausmädchen gewesen."

Nun war es also soweit. Die Entscheidung, die sie allzu gerne verschoben hatte, kroch hautnah an sie heran. Lina wusste, dass es unfair wäre, weiter zu zögern. Tante bemühte sich aus den besten Gründen für sie, da durfte sie die Sache nicht weiter hinausschieben.

Lina gab sich einen Ruck. Mehr spontan, als aufgrund des vielen Nachdenkens während des vergangenen Jahres, antwortete sie: „Ich komme. Wenn du mit Vater sprichst."

„Das ist eine gute Entscheidung, Kind. Du wirst sehen, du triffst es bestens an bei Gehrings. Ich werde mit Christian reden."

Tante ließ nichts anbrennen. Schon am selben Abend erinnerte sie ihren Bruder an das Versprechen, das er Lina gegeben hatte. Als er sich zierte, setzte sie ihm zu. Er dürfe dem Kind nicht die Chancen verbauen. Was er sich einbilde,

den Patriarchen herauszukehren. Sie hatte immer schon Einfluss auf Christian besessen, den sie wohldosiert einzusetzen wusste. Er knickte vor ihr ein.
Am nächsten Morgen verkündete der Vater Lina, dass sie ab Januar in Essen arbeiten dürfe. Die Bedingungen ihrer Stelle würde seine Schwester aushandeln und ihm das Ergebnis schreiben. Wenn alles stimmte, was sie ihm an Verdienstmöglichkeiten aufgezeigt hatte, würde er Linas Weg nicht weiter blockieren.
Diese Mitteilung führte bei Lina nicht gleich zu ungetrübter Freude. Ganz flau wurde ihr, wenn sie daran dachte, was ihr bevorstand.

Tante handelte günstige Bedingungen aus. Lina sollte im Haus der Gehrings ein eigenes Zimmer erhalten, Kost wurde ihr zugesagt und obendrein ein – gemessen an Eimelroder Verhältnissen – fürstliches Entgelt. Ihrem Vater waren damit alle Einsprüche genommen. Er willigte ein, dass es Lina in der Fremde versuchte.
Die Tage bis Weihnachten wurden ihr schwer. Wenn sie nach Adorf ging, stellte sie sich vor, es sei das letzte Mal. Warum erzeugte das bei ihr ein wehmütiges Gefühl, hatte sie diesen Weg doch über die Jahre hassen gelernt? An seinem Ende traf sie auf den unerbittlichen Dienstherrn, seine meckernde Frau, auf eine Behandlung, als wäre sie kein Mensch, sondern ein Arbeitsochse. Das alles bei schmaler Kost und wenig Lohn.
Dann ging sie wirklich das letzte Mal nach Adorf. Der Tag verlief, wie alle anderen in den ganzen Jahren. Niemand

richtete ein Wort des Dankes oder des Abschieds an sie. Als sie das Tagwerk erledigt hatte, verließ Lina den Hof einfach wie immer. Die Bäuerin ließ sich nicht einmal im Stall blicken. Voller Groll wegen dieser Undankbarkeit, spuckte Lina am Abzweig von der Landstraße auf den Feldweg, der zum Hof führte, aus. „Rutscht mir den Buckel runter!", rief sie in die Dunkelheit.

Lina erschrak vor sich selbst. Sie hatte ihre Erziehung vergessen. Die Großen hatten stets Recht in allem, was sie taten. Genauso alle Respektspersonen, wie der Pfarrer, der Lehrer, die Eltern. Dass sie sich derart vergaß, geschah äußerst selten.

Das Weihnachtsfest und ihr Geburtstag in der Woche darauf verliefen wie üblich. Niemand machte ein Aufsehen um ihren baldigen Fortgang. Entsprechend kühl empfand sie die Verabschiedung am Tag ihrer Abreise. Kaum waren die guten Wünsche für ihre Zukunft ausgesprochen, stiefelten Heinrich und Fritz zur Schule, verschwand Karl irgendwo im Haus, nahm Johannette Walter auf den Arm und ging mit ihm in die Küche. Vater Christian verließ das Haus, und bald hörte sie ihn im Schuppen Holz hacken. Einzig der treue Wilhelm begleitete sie durch frisch gefallenen Schnee hinauf zum Bahnhof.

Als Lina im Zug saß, war sie beinahe froh, dass ihre schwere Entscheidung endlich Wirklichkeit wurde.

Der Besuch

Während sie mit ihrer Schwester so ruhig am Küchentisch saß, fröstelte Lydia plötzlich.
„Em betsche schubbich hie be-i de-i, Matta. Kas'se nee dän Oowe aanmaake?"[15]
Martha verzog unwillig das Gesicht. Sie wollte bestimmt kein Brikett opfern, weil ihre Schwester so ein Frierpitter[16] war.
Lydia sah über die Entgleisung ihrer Gesichtszüge hinweg. Früher hatte ihre Schwester sogar Streichhölzer gespart, indem sie aus einer alten Zeitung einen Fidibus[17] gedreht und zur Schwägerin Lina nebenan gegangen war, um ihn an ihrem Herdfeuer zu entzünden. So hatte sie das Feuer in ihre Wohnung getragen. Lieber war sie mehrmals gelaufen, als nur einmal ein Streichholz zu opfern.
Martha öffnete die Ofenklappe, knuddelte Papier zusammen, schichtete ein paar Holzspäne obenauf und riss tatsächlich ein Streichholz an, um für Wärme zu sorgen. Als sich bescheidene Flammen zeigten, legte sie ein paar Stücke Anmachholz nach. Später schob sie ein Brikett in die Glut.
Die Schwestern widmeten sich dem Kochen des Mittagessens. Beim letzten Besuch hatten sie darüber gesprochen, dass sie gerne mal wieder einen Schweinebraten essen würden. Martha hatte Entsprechendes vorbereitet. Das Fleisch

---

[15] Ein wenig kalt hier bei dir, Martha. Kannst du nicht den Ofen anmachen?
[16] Jemand, dem schnell kalt ist
[17] Anzündhilfe

musste nur noch aufgewärmt werden. Dazu sollte es Kartoffeln und Salat geben.
„Lidia, wenn dou brooe de-is, wat de-is dou füar en Fett nehme?“, wollte Martha wissen.
„Ick nehm chään Bikini-Oolich.“
„Wat nehms dou?“
„Bikini-Oolich. Wat kall ick doo? Herrchott noo e-in. Bikini, dat ös doo merr ssoa em Bökschke. Wie hèt dat no chliek?“[18]
„Du meinst wohl Biskin-Öl“, feixte Martha.
Lydia ließ das unerwidert stehen.
Eine halbe Stunde später saßen sie zusammen am Tisch. Die Mahlzeit wärmte Lydia, aber ihre Füße blieben kalt. Sie stand auf und fühlte am Ofen.
„Ist ja gar nicht an!“
Entrüstet sprang Martha auf und öffnete die Klappe. „Ick häpp en Oowe: Ick kann öm ömtraae!“[19], schimpfte sie. Grummelnd wiederholte sie den Versuch, Feuer zu machen.
Nach Beendigung der Mahlzeit strich sich Lydia zufrieden über den Bauch.
„Et che-iht doo nix öwer en aanstäinich Schtök van’ne Ferkesfutt!“[20]
„Da sagst du was.“
„Hat wirklich gut geschmeckt, Martha!“
„Danke. Mir auch!“

---

[18] Lydia, wenn du brätst: Was nimmst du dann für eine Fett? – Ich nehme gerne Bikini-Öl – Was nimmst du? – Bikini-Öl. Was sage ich da? Herrgott nochmal. Bikini, das ist doch mehr so ein Höschen (Büchschen). Wie heißt das noch gleich?
[19] Ich habe einen Ofen: Ich könnte ihn umtreten!
[20] Es geht doch nichts über ein anständiges Stück vom Ferkelhintern

Lydias Gedanken schweiften zurück in die Zeit, als sie noch selbst eine Familie bekocht hatte. Gleich fiel ihr die Schwägerin wieder ein.
„Die Lina war ja auch immer eine gute Köchin", vollzog sie einen Gedankensprung.
„Stimmt. Sie hat mir mal erzählt, dass sie viel dazugelernt hat, als sie in Essen in einem Haushalt gearbeitet hat."
„Richtig. Ihre Tante hatte ihr die Stelle vermittelt. Da musste sie sich bestimmt heftig umstellen. Sie kam ja vom Land …"

Stadtluft

Tante holte sie wie das letzte Mal vor dem Bahnhof ab. Die Wiedersehensfreude war riesig.

„Zwei Tage haben wir noch Zeit für uns. Dann stelle ich dich den Gehrings vor und am Tag darauf kannst du dort anfangen."

In Essen nieselte es. So verbrachten sie die Zeit im Haus. Tante erzählte ihrer Nichte von der neuen Stellung und was von ihr erwartet wurde. Lina rätselte, wie ein Tag mit reiner Hausarbeit ausgefüllt sein könnte. Stall und Feld gab es ja nicht. Wahrscheinlich wurde in den städtischen Haushalten ein größerer Aufwand betrieben. Immerhin würde sie es warm haben, auch jetzt im Winter.

Onkel Wilhelm freute sich ebenfalls über ihre Ankunft, denn Gehring war sein Freund. Er sei froh darüber, dass er ihm mit der Vermittlung Linas einen Gefallen erweisen könnte, beteuerte er mehrfach. Natürlich auch darüber, dass sie eine gute Stellung antreten würde. Launig erzählte er von Herrn Gehring, mit dem er manchen Unsinn erlebt hatte. Etwa davon, wie sie beim Kegeln eine Kugel unter die anderen gemischt hatten, die sie zuvor auf einer Seite abgefeilt hatten. Immer wieder war sie den Kegelbrüdern in die Gasse abgerutscht. Aufgefallen waren sie durch die Lachtränen, die sie darüber vergossen hatten.

„Sag dem Gehring bloß nicht, dass ich dir davon erzählt habe!", ermahnte sie der Onkel mit einem Augenzwinkern. „Der meint sonst, ich wollte seine Autorität als dein Arbeitgeber untergraben."

Lina war gespannt auf den Mann, mit dem der Onkel Schabernack anstellte. Allzu streng konnte ein solcher Mensch wohl kaum sein.
Trotzdem hatte sie einen gehörigen Kloß im Hals, als sie mit Tante zur Wohnung der Gehrings aufbrach. Es war nicht allzu weit, also gingen sie zu Fuß. Bald standen sie vor einem herrschaftlichen Haus in einer Reihe ganz ähnlicher Gebäude. Hier schienen drei Familien zu wohnen, jede auf einer eigenen Etage, ihre neuen Dienstherren in der Mitte.
Frau Gehring empfing sie – Tante äußerst herzlich, Lina mit freundlicher Distanz. Sie wurden ins Speisezimmer gebeten. Dort standen bereits eine Kaffeekanne und Blechkuchen bereit. Die beiden Jungs spielten auf dem Teppich davor. Sie beäugten die fremden Frauen, ließen sich aber nicht von ihnen stören. Zu dritt nahmen sie am Tisch Platz. Lina staunte. Beim Bauern in Adorf hatte sie nie mit Familienmitgliedern zusammengesessen.
„Meine liebe Freundin hat dir sicherlich erzählt, um welche Arbeiten es bei uns geht“, begann Frau Gehring das Gespräch. „Du bist sicher schwere Arbeit gewohnt?“
„Ja“, antwortete Lina schüchtern.
„Und mit den Bedürfnissen kleiner Kinder kennst du dich auch aus?“
„Ich habe zwei Brüder, drei und vier Jahre alt.“
„So. Das wusste ich gar nicht. Meine sind kaum älter. Wie steht es denn mit bügeln, Silber putzen, kochen?“
„Was Sie unter Silber putzen verstehen, müssten Sie mir zeigen. Zu Hause besitzen wir nichts aus diesem Metall. Bügeln und kochen ist kein Problem.“
„Na, das wird schon. Komm, ich zeige dir deine Kammer.“

Sie folgte Frau Gehring in den hinteren Teil der Wohnung. Es war nur eine kleine Stube, die sie für sich haben würde, eher zweckmäßig eingerichtet. Bett, Nachtkonsole, zweitüriger Schrank, Stuhl, ein Tischchen, auf dem Wasserkanne und Waschschüssel standen. Das war alles. Aber immerhin musste sie das Zimmer mit niemandem teilen.
„Hier kannst du morgen einziehen."
Lina schritt zum Fenster und sah auf den Hof hinunter. Sie erblickte ein Stück Rasen und zwei ältere Bäume. Ein wenig Natur, die sie schon jetzt schmerzlich vermisste.
„Wann soll ich kommen?", fragte sie.
„Ich schlage vor, nach dem Frühstück. Dann kochen wir zusammen Mittagessen und ich zeige dir alles in der Küche. Anschließend könntest du ein wenig Zeug von den Jungen flicken. Damit tue ich mich schwer, musst du wissen. Wir werden bestimmt gut miteinander auskommen!"
Wieder flicken – dachte Lina. Sie verkniff sich den Kommentar, dass auch sie darin keine Meisterin war. Hoffentlich genügte sie den Ansprüchen der Frau aus der Stadt.
Als sie am Abend zurück bei Külkers waren, tätschelte ihr Tante wohlwollend die Wange.
„Das schaffst du schon, Kind. Ida Gehring ist eine nette Frau. Sie wird dir nichts abverlangen, was sie dir nicht selbst zeigen kann. Du hättest bei niemand besserem in Stellung gehen können!"
Lina hoffte inständig, dass Tante das nicht bloß zu ihrer Beruhigung sagte. In der kommenden Nacht schlief sie schlecht, den Kopf voller Sorge, ihre Aufgaben im Hause Gehring nicht wunschgemäß erfüllen zu können.

Alles lief, wie besprochen. Lina gewöhnte sich schnell im Haushalt Gehring ein. Ihre Sorgen erwiesen sich als völlig unbegründet. Frau Gehring verhielt sich ihr gegenüber beinahe freundschaftlich, Herr Gehring erwies sich als derjenige, den sie sich bei Onkel Wilhelms Erzählungen vorgestellt hatte. Ein kleiner, untersetzter Mann, der ihr jeden Abend, wenn er von der Arbeit kam, zuerst einen Witz erzählte. Manchmal noch in Hut und Mantel. Je herzlicher Lina darüber lachte, desto breiter strahlte er sie an. Sie wunderte sich, dass er sich oft mit seinen Jungs beschäftigte. Herr Gehring nahm an ihren Spielen teil, machte Faxen mit ihnen, lief hinter ihnen in der Wohnung her, dass sie vor Vergnügen quiekten. Ihr eigener Vater hatte sich nie mit so etwas abgegeben. Sie und ihre Geschwister waren zu Hause sich selbst überlassen worden, wenn sie nicht zur Arbeit angehalten wurden. In diesem Hause herrschte nichts von dieser wortkargen Strenge.
Die meisten Tätigkeiten, die ihr Frau Gehring auftrug, kannte Lina bereits von daheim. Beim Kochen ging sie ihrer Dienstherrin zunächst nur zur Hand, übernahm das Schneiden von Gemüse, das Putzen von Salat und das Wiegen von Kräutern. Nach und nach zeigte ihr Frau Gehring ein paar Kniffe. Die zubereiteten Speisen waren wesentlich raffinierter, als Lina es aus Eimelrod kannte. Aber sie lernte schnell. Frau Gehring wurde gegen Ende ihrer Schwangerschaft langsam träge. Immer häufiger überließ sie Lina die Küche ganz. Außer einem versalzenen Eintopf lief es damit ganz passabel. Laut Aussage von Frau Gehring war sie sehr zufrieden mit ihrem Dienstmädchen. Sie bedankte sich einmal sogar bei Tante für ihre Vermittlung, als sie zu Besuch kam.

Stolz darauf servierte Lina den beiden Frauen Bienenstich nach einem Rezept aus der Heimat. Sie durfte sogar wieder selbst mit am Tisch sitzen und mit den Frauen Kaffee trinken.

Die verhassteste Tätigkeit auf ihrer neuen Arbeitsstelle war Lina das Fensterputzen. Mehrmals musste man über Rahmen und Scheiben wischen, bis der Schmierfilm endlich entfernt war. Der Ruß der Industriebetriebe und vom Heizen mit Steinkohle durchsetzte die Luft. An Tagen, an denen der Himmel auf die Erde drückte, fiel selbst ihr, der jungen Frau, das Atmen schwer. Die klebrigen, schmierigen Abgase setzten sich überall fest. Wäsche draußen zu trocknen, war je nach Wetterlage unmöglich. Nach nur einer Stunde setzten sich Rußpartikel auf dem Gewebe fest und die ganze Mühe war umsonst.

Eine völlig neue Aufgabe war für Lina das Einkaufen. In Eimelrod hatten sie beinahe ausschließlich von eigenen Erzeugnissen gelebt. Hier gab es zwar auch etwas Eingemachtes im Keller, das Meiste wurde aber beim Bäcker, beim Schlachter und Kolonialwaren- oder Lebensmittelhändler eingekauft. Regelmäßig zog sie mit dem Korb los, um Besorgungen zu erledigen. Schwer bepackt kehrte sie jedes Mal heim und verstaute die Einkäufe in Küche und Keller. Wenigstens kam sie dabei aus der Wohnung heraus.

Am liebsten ging Lina mit den Kindern spazieren. Frau Gehring klagte gegen Ende der Schwangerschaft über schwere Beine und Rückenschmerzen. Somit fiel auch diese Aufgabe Lina zu. Aber es war ihr weniger eine Pflicht, mehr eine Freude. Im nahe gelegenen Stadtgarten fütterten sie gemeinsam Enten. Lina musste dabei an Karl und Walter denken. Kinder waren überall gleich. Wenn sie klein waren, besaßen alle dieselben Bedürfnisse, kicherten, wenn man mit ihnen herumalberte, weinten, wenn ihnen etwas fehlte, schrien, wenn sie wütend waren. Sie kannten die Unterschiede in der Welt noch nicht, zwischen Stadt und Land, zwischen reich und arm, zwischen gebildet und dumm. Kinder verhielten sich in den ersten Jahren ganz natürlich, ohne darauf Rücksicht zu nehmen. Erst ihre Familien und Lehrer pressten ihnen die Unterschiede auf, die die Erwachsenen geschaffen hatten.

Anfang April füllte das Geschrei des neugeborenen Mädchens die Wohnung. Frau Gehring hatte eine schwere Geburt hinter sich. Fast zwölf Stunden hatte die Hebamme bei ihr zugebracht. Sie hatte das Kind im Bauch drehen müssen. Eine Tortur für die arme Mutter. Die Woche darauf hütete sie das Bett, ehe sie erste Schritte wagte. Lange sah sie noch blass und leidend aus.

Das Mädchen brachte neue Arbeit ins Haus. Berge von Windeln mussten zusätzlich zur normalen Wäsche gewaschen werden. Ab und an durfte sich Lina um das Neugeborene kümmern. Das empfand sie nicht als Bestandteil ihrer Aufgaben als Dienstmädchen, eher als eine freundschaftliche Unterstützung der Mutter. Sie entwickelte eine besonders liebevolle Beziehung zu diesem Kind. So hilflos war sie einst selbst gewesen, völlig abhängig von der Pflege. Das, was sie hier tat, hatte ihre eigene Mutter einst für sie getan. Lina spürte manchmal, dass ihr der Verlust immer noch wehtat. Kein Mensch auf der Welt war einem so nah, wie die eigene Mutter.

Würde das anders werden, wenn sie einmal heiratete?

Mit der Zeit wurde der Dienst bei Gehrings Routine. Ab und zu gewährte ihr die Familie ein paar Tage frei, in denen sie am liebsten heimfuhr.
Sobald Lina am Bahnhof in Eimelrod ausstieg, atmete sie erst einmal tief durch, ein paar Luftzüge lang. Der harzige Geruch von Nadelwald stieg ihr in die Nase, der würzige Duft von frischen Wiesen. Die gelegentlichen Ausflüge mit Tante und Onkel Wilhelm ins Ruhrtal waren kein Ersatz dafür. Wenn es ihr auch insgesamt in der Stadt besser ging, sie weniger harte Arbeit zu verrichten hatte und gut behandelt wurde: Die Natur in ihrer Heimat war überwältigend schön und ihre Wahrnehmung in dieser reinen Form fehlte ihr in Essen schmerzlich.
Ihr Bruder Wilhelm war mittlerweile ebenfalls nach Essen gezogen, um sein Glück im Bergbau zu versuchen. Am herzlichsten wurde sie nun von Luise begrüßt, die sie nach dem Leben in der Stadt ausfragte. Außer ihr schien das niemanden in der Heimat zu interessieren. Johannette war freundlich, wie immer, ihr Vater freute sich still, auf seine Art, über ihren Besuch. Die vier Buben begrüßten sie, um dann gleich wieder ihrer Wege zu gehen. Heinrich war nun derjenige, der Wilhelms Stelle als Knecht übernommen hatte. Ihn bekam sie am wenigsten zu Gesicht.
Bei der Abfahrt schaute sie sehnsüchtig aus dem Zugfenster. Aber ihr war bewusst, dass es die Dinge, die sie in Essen vermisste, in Eimelrod nur um den Preis härtester Arbeit gab. Als Besucherin packte sie zwar hier und da mit an, verbrachte aber auch einige Mußestunden, besuchte

Freundinnen, unterhielt sich mit ihnen über ihr neues Leben. Wäre sie hier geblieben, liefe sie immer noch Tag für Tag nach Adorf und müsste sich schikanieren lassen.
Nein, sie bereute ihre Entscheidung, ihr Glück in der Stadt zu versuchen, kein bisschen!

Mittlerweile besaß Lina auch in Essen einige Kontakte. Tante natürlich, Onkel Wilhelm und ihren Cousin Willi. Gelegentlich traf sie an den Wochenende ihren großen Bruder. Dann erzählte er ihr von seiner Arbeit unter Tage. Als sie bei einem dieser Treffen bemerkte, dass er hinter dem rechten Ohr schwarz war, lachte er herzlich.
„Du müsstest mich mal sehen, wenn ich aus dem Schacht wieder auftauche! Weglaufen würdest du vor dem schwarzen Teufel!"
Sie nahm ihr Taschentuch, feuchtete es etwas mit Spucke an, und rieb den Fleck hinter seinem Ohr damit weg. Niemals wollte sie ihren Bruder sehen, wie er einem Teufel glich!
Beim Einkaufen hatte Lina ein Hausmädchen aus der Nachbarschaft kennengelernt, Bernhardine, und sich mit ihr angefreundet. In freien Stunden gingen sie gemeinsam spazieren oder fuhren sogar hinaus ins Grüne, um dort ausgiebig zu wandern. Unterwegs kehrten sie in eines der Ausflugslokale ein, die am Stadtrand entstanden waren. Manch junger Mann sprach sie dort höflich an, aber Lina ließ alle Fremden abblitzen.
Als Bernhardine sie mehrere Male zu überreden versuchte, mit ihr zum Tanz zu gehen, willigte Lina irgendwann

halbherzig ein. Bruder Wilhelm und Cousin Willi begleiteten die beiden jungen Frauen. Eigentlich waren diese Abende gar nicht so übel, aber wie sich Bernhardine ungeniert an die Tänzer heranmachte, das lag Lina fern. Sie hielt sich lieber an Wilhelm und Willi. Nur selten vergab sie einen Tanz an einen fremden Mann.

Lina fragte sich dann und wann, warum ihr der Richtige noch nicht über den Weg gelaufen war. Beinahe alle Freundinnen in der Heimat waren mittlerweile verheiratet, selbst ihr Vater hatte sie vorsichtig gefragt, ob es nicht jemanden gäbe. Drängen lassen wollte sie sich auf keinen Fall. Irgendwann wäre es so weit – daran glaubte sie fest. An einer arrangierten Hochzeit, die unter den Familienoberhäuptern abgesprochen wurde, hatte sie keinerlei Interesse. Die endeten meist wie bei Anette. Alle anderthalb Jahre kam ein Kind zur Welt und sie war Wischmop und Blitzableiter für alle und jeden im Haushalt. Nein, sie wartete lieber auf die Liebe.

Liebe? Was wusste sie schon über die Liebe?

Sie war fest davon überzeugt, dass mehr dahinter steckte, als Stier und Kuh, Eber und Sau, Hahn und Henne im Stall trieben. Vorsichtig hatte sie mit Bernhardine darüber gesprochen. Ihre Freundin las fiel, Romane. Eine Beschäftigung, die Lina nicht lag. Bernhardine lieh sich regelmäßig Literatur in der Stadtbücherei aus. Ihre Dienstherrin erlaubte ihr gelegentlich, sich aus ihrer umfangreichen Bibliothek zu bedienen.

Bernhardine konnte herrlich über die großen Gefühle in ihren Büchern erzählen. Von Gefühlen, die das Herz ergriffen, Kribbeln im Körper erzeugten, den Kopf in luftige

Höhen erhoben. Sie träumte ständig von dem Einen und wartete nur darauf, dass sie die Höhenflüge aus den Büchern selbst erleben durfte. In dem Moment, behauptete sie gegenüber Lina, wüsste sie genau: Das war Er!
Die Freundin steckte sie mit dieser fixen Idee an. Doch bisher war Lina der Eine nicht über den Weg gelaufen, hatte sie bei keinem Mann etwas von dem gespürt, was Bernhardine als unbedingte Voraussetzung für ein Eheglück beschwor. Manchmal wurde sie ungeduldig und fragte sich, ob sie überhaupt fähig war, zu lieben. Dann vergrub sie sich in ihrer Arbeit, um sich abzulenken.
Hirngespinsten hing sie nach, hätte der Vater ihr vorgehalten. Romantik war nicht für Mägde und Dienstmädchen gedacht.

Der Sohn einer guten Bekannten von Tante wollte heiraten. Am letzten Wochenende im April 1929. Lina kannte den Bräutigam, der mit Cousin Willi befreundet war, von einem der Tanzabende. Sie war völlig überrascht, als sie mit den Külkers zusammen zu dieser Hochzeit eingeladen wurde. Eine der wenigen Gelegenheiten, an denen sie ihr Kleid von Althoff tragen könnte. Sie war glücklich darüber, dass sie trotz ihrer Vorsicht in Bezug auf andere Menschen, langsam in der Stadt Fuß fasste.
Am Tag der Hochzeit traf sich Lina zuvor mit Tante, Onkel Wilhelm und Willi. Gemeinsam fuhren sie mit der Elektrischen zur Kirche, in der die Trauung stattfinden sollte. Das Paar hatte eine ziemlich große Hochzeitsgesellschaft eingeladen. Lina war überrascht, wie viele Leute man kennen

konnte. Aber wäre es in Eimelrod anders? Bei solchen Gelegenheiten kam das ganze Dorf zusammen. Jeder wollte Braut und Bräutigam sehen und dem Paar gratulieren. Ein wenig musste sie lachen bei dem Gedanken, ganz Essen fände sich zur Hochzeit ein. Die Menschenmassen würden alle Straßen blockieren!

Nach der Trauzeremonie wurden die Brautleute auf der Kirchentreppe mit Reis beworfen. Auch Lina hatte einen kleinen Beutel davon aus den Küchenvorräten abgezweigt. Die Feier war im Lokal Haferkamp, an der Grenze zwischen den Stadtteilen Fulerum und Frohnhausen geplant. Eine blumengeschmückte Kutsche, gezogen von einem Schimmel, erwartete die glücklich Verheirateten, um sie dorthin zu fahren. Für die geladenen Gäste ging es zu Fuß zur Gaststätte. Unterwegs fiel Lina ein großgewachsener junger Mann auf, der vielleicht zwanzig Meter vor ihnen in einer Gruppe anderer Männer seines Alters ging. Ausgelassenes Lachen schallte zu ihr herüber. Fröhlichkeit strahlte der Große aus. War er auch eingeladen?

Lina behielt den jungen Mann im Blick. Mit Tante und Onkel fiel sie etwas zurück – sie konnten nicht Schritt halten mit der Gruppe, in denen der Beobachtete ging, wurden sogar von anderen Gästen überholt. Lina verlor ihn aus den Augen.

Vor dem Eingang zu Haferkamp bildete sich eine Traube von Gästen. Nachdem es Külkers und ihr gelungen war, in den festlich geschmückten Saal vorzudringen, hörte Lina ein Lachen aus einer der Ecken. Sie sah hinüber.

Da stand er, der Große!

Mit einem Bier in der Hand stand er dort, mit zwei anderen Männern, die er einen halben Kopf überragte, im Gespräch. Sie löste sich von ihrer Verwandtschaft, die von einem bekannten Ehepaar mit Beschlag belegt wurde. Vorsichtig tastete sie sich an den jungen Mann heran, peinlich darauf bedacht, nicht von ihm entdeckt zu werden.

Plötzlich ertönte ein Tusch von der Kapelle. Von der Tür her bildete die Hochzeitsgesellschaft eine Gasse. Mit Musik und unter Johlen und Applaus schritt das Brautpaar herein, Arm in Arm. Die Kutsche hatte eine Extrarunde gedreht, so dass die Frischvermählten erst jetzt eintrafen. Beide strahlten glücklich in die Runde. Die Brautmutter hielt es nicht länger in der Reihe der Gäste. Sie stürzte auf ihr Kind zu und umarmte es unter Tränen der Rührung. Anschließend klammerte sie sich an den Hals des neugebackenen Schwiegersohns. Etliche folgten ihrem Beispiel.

In allgemeinen Tumult hatte Lina den jungen Mann aus den Augen verloren. Sie stellte sich auf die Zehenspitzen, um ihn über die Köpfe hinweg zu suchen.

„Nach wem halten Sie Ausschau?“, hörte Lina eine männliche Stimme hinter sich.

Verblüfft drehte sie sich zum Fragesteller um.

Da stand Er! Direkt vor ihr!

Lina errötete vom Haaransatz bis in die dicken Zehen. Ihr wurde warm, heiß, heißer. Im Bauch spürte sie zuerst ein Ziehen, dann ein Gefühl, als wäre dort eine Flasche Sekt entkorkt worden. Es prickelte, schäumte darin. Sagen konnte sie in diesem Zustand nichts. Sie hätte gelispelt, sich dabei auf die Zunge gebissen, aufgeschrien vor Schmerz, kurzum, sich bis auf die Knochen blamiert.

Dem jungen Mann blieb ihr Gemütszustand natürlich nicht verborgen. „Nun, wer ist es denn?“, fragte Er amüsiert.
Der Fremde war wirklich groß. Überragte sie um einen dreiviertel Kopf, trotz ihrer Absätze unter den Schuhen. Seine Augen funkelten sie freundlich an. Sie schien ihm zu gefallen. Sogar in ihrer Unbeholfenheit. Oder gerade deswegen? Was nahm man in solchen Momenten, die Bernhardine ihr dutzendfach beschrieben hatte, schon objektiv wahr! Jetzt spürte Lina am eigenen Körper, was die Bücher ihrer Freundin schilderten.
„Sie! Sie sind es!“, hörte sie sich flüstern, errötete noch mehr wegen ihre Ehrlichkeit. Zu einer Lüge wäre sie allerdings nicht fähig gewesen. Am liebsten hätte sie sich auf der Stelle in Luft aufgelöst.
Der Fremde wurde durch ihre Antwort tatsächlich aus dem Konzept gebracht. „Oh“, erwiderte er nur. Sein Lächeln wich einem Ausdruck der Verwirrung. So war es Lina tausendmal lieber, als wenn er ihr einen flotten Spruch gedrückt hätte. Das zeigte ihr, dass sie nicht vor einem Casanova stand. Sie stand vor einem Mann, der eben nicht in jeder Situation eine Erwiderung fand, die ihn als weltgewandten Charmeur auswies. Er war genauso leicht zu verwirren, wie sie. Sein Verhalten rückte ihn an Lina heran, an die unbedarfte Landpomeranze, unerfahren mit den Männern.
Der junge Mann fasste sich. „Da Sie mich schon suchen, darf ich mich Ihnen bestimmt vorstellen. Karl. Karl Maaßhoff.“

„Lina Meier“, hörte sie sich sagen. Unmöglich, den Blick von ihm abzuwenden. Ihre Augen verkrallten sich ineinander.
„Frau oder Fräulein Meier?“
„Fräulein.“
„Sie mögen gleich bestimmt mit mir tanzen, mein Fräulein?“, fragte er, geradezu schüchtern.
Tanzen! Mit ihm!
„Gerne!“
„Würden Sie mich zu meinen Freunden begleiten?“
„Gerne!“
Sie verbrachten den ganzen Nachmittag miteinander, dann den Abend. Lina wich Karl nicht mehr von der Seite. Er stellte ihr seine Freunde vor. Sie tanzte beinahe ausschließlich mit ihm, nur anstandshalber mit Cousin Willi. Sie vergaß Tante und Onkel, die sich an anderer Stelle im Saal vergnügten.
Karl lachte viel, aber nicht albern. Eher, weil er Freude empfand über einen gelungenen Scherz, eine witzige Geste. Sie mochte dieses Lachen, seine Fröhlichkeit, seinen ungezwungenen Umgang mit den Leuten. Kein Mann mit Dünkel, ein Arbeiter, wie er ihr gestand. Nur gut, dass er kein Beamter war oder gar ein Studierter. Auf einen Arbeiter würde sie sich auch als ein Dienstmädchen Hoffnung machen dürfen.
Als Tante sie gegen Mitternacht fand, um sie mit nach Hause zu nehmen, war Lina ganz überrascht, wie schnell das Fest vorübergerauscht war. Sie stellte ihr Karl vor und er bat, sie wiedersehen zu dürfen.
Sie wiedersehen!

Empfand er etwa ähnlich wie sie? War er verliebt?
Bei Lina musste es sich um Liebe handeln, sofern Bernhardine den Inhalt ihrer Bücher richtig erklärt hatte.
Sie verabredeten sich für das nächste Wochenende. Züchtig gaben sie sich zum Abschied die Hand. Tante schmunzelte wissend.
Sah man ihr etwa an, wie es um sie stand? Oder sah man Karl etwas an?
Die Scham ließ Lina den Blick senken.
Während der nächsten Woche dachte sie an nichts anderes, als an Karl. Die Tage konnten nicht schnell genug vergehen. Zum Spaziergang hatten sie sich verabredet, auf der Margarethenhöhe. Hoffentlich spielte das Wetter mit!
Es wurde ein wunderbarer Tag. Der leichte Wind blies den Ruß aus der Stadt, der üblicherweise schmutziggraue Himmel changierte ins Blau hinein. Am Torbogen hinter der Brücke kletterte Lina aus der Elektrischen und stieg die Stufen hinauf. Da stand er, ihr Karl!
Sie lächelte in sich hinein. Tatsächlich nannte sie ihn insgeheim schon so: Mein Karl.
Die Arme ineinander verschränkt, schlenderten sie durch die Straßen der malerischen Kruppschen Siedlung, dann hinunter ins Nachtigallental. An einer verschwiegenen Ecke, durch dichte Sträucher vor den Blicken Neugieriger geschützt, küsste sie Karl das erste Mal. Zögerlich, sanft, eher so als habe er Angst, etwas gegen ihren Willen zu tun.
Wie er sich darin täuschte!

Hochzeitsglocken

Lina entdeckte ständig neue Seiten an „ihrem Jungen", wie sie Karl irgendwann in ihren Briefen an ihn nannte. Er war nicht aufschneiderisch, stand mit beiden Beinen im Leben, behandelte sie zuvorkommend. Nach vier Wochen wusste sie, dass er der Richtige war, dass sie ihr Gefühl bei der ersten Begegnung nicht getäuscht hatte. Kein Mann aus ihrem Dorf, ein Mann aus der Fremde, aus der Stadt. Ein wenig fürchtete sie sich davor, Vater Christian von ihrem Jungen zu erzählen. Er sähe sicherlich immer noch gerne einen Landwirt an ihrer Seite. Karl verdiente sein Geld als Anstreicher.

Ende Mai nahm ihr Junge sie mit zu sich nach Hause. Karl hatte ihr vom Anwesen in der Schuirer Straße erzählt, das seine Eltern dort vor der Jahrhundertwende im Grünen errichtet hatten. Die Stadt lud dort draußen zwar genauso ihren Schmutz ab, wenn auch nicht in solchen Mengen, wie Lina es bei Gehrings gewohnt war. Ansonsten blieben Industrie und Dreck in weiter Ferne, ganz so, als existierten sie überhaupt nicht. Hier am Stadtrand sah man in alle Richtungen nur auf Weiden, Äcker und Buschwerk.

Sie lernte Karls Mutter kennen, Wilhelmine, seine Schwester Martha, deren Mann Fritz und ihren Jüngsten, Ernst. Sie waren als letzte Bewohner übrig geblieben von der weit verzweigten Familie, die einst zahlreich auf diesem Stück Land gelebt hatte. Ähnlich wie bei den Meiers war ein Elternteil – bei Karl der Vater – verstorben und seine Mutter hatte einen Witwer geheiratet. Jeder der beiden hatte Kinder mit

in die Ehe gebracht. Karl erklärte Lina, wer alles dazugehörte. Die Verhältnisse waren derart unübersichtlich, dass sie zunächst nur wenig davon behielt.
Auf dem Weg hierher hatte Lina einige Häuser in ähnlichem Stil gesehen. Die Räume im Erdgeschoss waren wesentlich höher, als sie es aus ihrem Dorf kannte. Ein Stall gehörte dazu, in dem eine Kuh stand, ein Schwein gemästet wurde. Auf dem Hof pickten Hühner nach Futter. Seitlich des Hauses lag ein Garten, umgeben von einer Weißdornhecke. Dort wurden Gemüse und Obst angebaut. Nebenan lag ein Feld, auf dem Getreide stand und Futterrüben wuchsen. Insgesamt umfasste das Anwesen so viel Land, dass es ausreichte, um eine Familie zu ernähren. Das alles kam ihr irgendwie vertraut vor und sie fühlte sich gleich behütet in dieser Umgebung. In einem solchen Umfeld könnte sie sich wohlfühlen – wie sich Lina in eine gemeinsame Zukunft mit ihrem Jungen hineinträumend, eingestand.

Schon länger hatte sie eine Reise in die Heimat geplant. Ende Juni sollte es losgehen. In der kurzen Zeit bis dahin kamen sie und Karl sich so nah, dass er es wagte, ihr die Verlobung anzutragen. Überwältigt und glücklich sagte sie zu. Sie umarmte ihren Jungen innig und sie küssten sich.
„Ich werde es Mutter und Vater sagen, wenn ich dort bin“, versprach Lina.
Dabei wurde ihr etwas mulmig. Das Geld in der Stadt zu verdienen, war das Eine. Etwas ganz anderes war es, für immer nach Essen zu einem Bräutigam zu ziehen. Vater Christian würde wenig begeistert sein, doch wollte sie nicht ohne

seinen Segen in die Ehe gehen. Das gehörte sich nicht. Sie verbrachte Stunden damit, zu überlegen, wie sie ihm die Neuigkeit am geschicktesten beibrächte.
Der Abreisetag kam – Lina fuhr los. An ihrem ersten Zwischenhalt, Hagen, besuchte sie Luise, die mittlerweile dort in Stellung gegangen war. Auch sie war durch die Verdienstmöglichkeiten in der Stadt angelockt worden. Eine gewisse Rolle hatte dabei wohl gespielt, dass ihre Stiefschwester der Fuchtel ihrer Mutter entfliehen wollte, wie Lina im Gespräch mit ihr zwischen den Zeilen heraushörte. Ansonsten blieben ihre Plaudereien an der Oberfläche. Sie tauschten sich über ihre Arbeit aus, Luise berichtete Lina darüber, wie es zu Hause bestellt war – alles ging seinen normalen Gang. Ihren Jungen verheimlichte Lina der Stiefschwester. Zuerst sollten die Eltern davon erfahren.
Am Bahnhof in Eimelrod angekommen, ließ sie den Blick zunächst über die Hügel ringsum schweifen. Die Hochzeit würde sie endgültig aus der Heimat fortbringen. Eine Rückkehr wäre ihr nur auf Reisen möglich – wie heute. Ein Gast, dort, wo sie einst aufgewachsen war und dazugehört hatte. Wollte sie das in dieser Endgültigkeit wirklich?
Mit schweren Gedanken nahm sie den Weg ins Dorf. Am Dorfeingang blieb sie erneut stehen und sah die Straße hinauf. Zwei Kehren weiter lag ihr Geburtshaus. Den Abzweig rechts entlang wohnte Anette mit ihrer Familie. Alles so vertraut, so tief im Herzen. Erst hier stehend begriff sie die ganze Tragweite der Entscheidung, die ihr bevorstand, nein, die sie eigentlich bereits getroffen hatte.
Im Haus traf sie Johannette und die vier jüngeren Brüder an. Der Vater war noch auf dem Feld. Sie wurde wie üblich

begrüßt, ohne Überschwang. Ihre Stiefmutter schnitt ihr eine Scheibe Brot ab und stellte Butter auf den Tisch.
Etwas war anders als beim letzten Besuch. Die Brüder stoben nicht auseinander, sondern versammelten sich um den Tisch und musterten Lina neugierig.
Ob das an ihrem neuen Kleid lag?
Weniger schick, als das, was ihr Tante seinerzeit geschenkt hatte, aber im Dorf doch auffällig.
Oder merkten ihr die Geschwister etwas an? Wirkte sie unsicher? Ahnten ihre Brüder, dass sie etwas mitschleppte, das sie loswerden wollte?
Heinrich wagte sich mit einer Frage vor: „Erzähl, Lina. Wie ist es in der Stadt?“
Ja, wie war es eigentlich in der Stadt?
Lina entschloss sich, Essen so gut sie es vermochte, zu beschreiben. Die Industrie, die Straßenschluchten, die Stadt als Zuhause von Arbeitern und Beamten. Den Verkehr, wie die Menschen auf den Straßen herumwimmelten. Sie beschrieb das Kaufhaus Althoff, die Artikel, die es in den verschiedenen Abteilungen zu kaufen gab. Sie berichtete auch von den gelegentlichen Tanzabenden in Begleitung von Wilhelm und Willi, von ihren Ausflügen auf die Ruhrhöhen, in den Stadtgarten, von Familie Gehring und Külkers.
„Sind die Berge so hoch wie hier?“, wollte Fritz wissen.
„Nein, viel niedriger. Im Grund gar keine richtigen Berge, eher Senken und Höhen.“
„Wie viele Kühe haben denn deine Bauern?“, fragte der Jüngste, Walter.
Lina musste lachen.

„In der Stadt halten die Menschen keine Kühe. Weiter draußen ja …"
Walter schnitt ein ratloses Gesicht.
„Wo kriegen die denn die Milch her?"
„Am Stadtrand gibt es Bauern. Fuhrleute sammeln die Milch ein und bringen sie zu den Menschen, die in den großen Siedlungen und an den dicht bebauten Straßen wohnen."
Indem sie dies erzählte, musste Lina unwillkürlich an die Schuirer Straße denken. Und an Karl.
Wenig später kehrte der Vater von der Feldarbeit heim. Sie begrüßten sich auf gewohnte, distanzierte Art. Freude wurde hier eben nicht so offen gezeigt, wie sie es in Essen kennengelernt hatte. Lina wurde zum ersten Mal deutlich, dass darin der Unterschied in der gegenseitigen Begegnung lag. Dass niemandem am anderen lag, man gleichgültig nebeneinander her lebte, stimmte so nicht. Im Grunde war die Freude über das Wiedersehen genauso groß – hier wie dort. Warum hatte es so lange gedauert, bis sie das begriffen hatte?
Die frisch gewonnene Erkenntnis lag Lina schwer auf der Seele. Erst mit dem Abstand von Jahren in der Fremde, hatte sie den eigentlichen Unterschied erfasst. Das machte es ihr nicht leichter, zu ihrer Entscheidung zu stehen. An diesem Abend wagte sie nicht mehr, ihr Anliegen vorzubringen.

Zwei Tage vergingen, ehe sich Lina Johannette anvertraute. Sie schälten gerade gemeinsam Kartoffeln. Es war

selbstverständlich, dass Gäste bei den Handgriffen des Alltags und der Arbeit in der Landwirtschaft mithalfen.
„Ich habe in Essen jemanden kennengelernt“, wagte sich Lina vor.
„Soso.“
Mehr sagte die Stiefmutter nicht. Sie schälte, als wäre nichts gewesen, weiter ihre Kartoffel.
Lina ärgerte sich ein wenig, dass ihre Neuigkeit derart gleichmütig aufgefasst wurde. Die leichte Wut darüber machte ihr das Weiterreden einfacher.
„Er heißt Karl. Wir wollen heiraten.“
Jetzt war es heraus.
Johannette schälte unbeirrt weiter. Immerhin gab sie eine Antwort. „Das haben Christian und ich schon häufiger besprochen. Wir wussten, dass wir dich irgendwann ganz an die Stadt verlieren würden. In Eimelrod hast du ja keinen Bräutigam gefunden.“
Hörte sich das an, als wäre es ein Makel, niemanden aus dem Dorf zum Mann haben zu wollen? Oder, noch schlimmer, dass einen kein Kerl aus Eimelrod und den umliegenden Käffern haben wollte?
In Lina regte sich Trotz. „Mein Karl kann es mit jedem aus dem Dorf aufnehmen. Er ist groß, stark und hat eine gute Arbeit. Er ist Anstreicher. Seine Familie besitzt ein Haus und vier preußische Morgen Land.“
Das schien Johannettes Interesse endlich zu wecken. „Ach, betreiben sie auch Landwirtschaft?“
„Sie halten sogar Vieh.“
„Verdient dein Karl genug, um dich zu ernähren?“
„Bestimmt einiges mehr.“

„Es steht mir nicht zu, dir etwas zu verbieten oder eine Heirat zu gestatten. Danach musst du den Vater fragen. Meinen Segen hast du, Lina. Irgendwann muss sich jede von uns Frauen für einen Mann entscheiden."

Damit war das Thema beendet. Abgehakt wie ein Handel auf dem Markt.

Lebte ihre eigene Mutter noch, hätte sie die Nachricht auch so kühl aufgenommen?

Lina wusste es nicht. Dann musste sie sich eingestehen, dass sie die Trennung von Johannette bereits in dem Zeitpunkt vollzogen hatte, als sie ausgezogen war. Sie gehörte nicht mehr zu ihrem Haushalt, sie sahen sich nur ein, zweimal im Jahr. Was hatte sie erwartet?

Die Romantik aus Bernhardines Büchern fand in Eimelrod nicht statt. Zweckehen wurden geschlossen, Arbeitskräfte in die Familien aufgenommen. Frauen hatten ihren Männern Kinder zu schenken, neue Arbeitskräfte, Vorsorge fürs Alter. Das waren die ungeschriebenen Gesetze in der Welt zwischen den Hügeln. Seit Generationen, vielleicht seit dem ersten Ansiedeln von Menschen im Tal.

Würde sie Karl heiraten dürfen, geschah dies wenigstens aus Liebe. Sie hatte ihn gewählt und er sie. Ihr wurde bewusst, welch großes Glück das bedeutete, gemessen am Schicksal der meisten ihrer Freundinnen im Dorf.

Lina quälte sich weiter mit der Vorsprache beim Vater. Drei Tage nach dem Gespräch mit Johannette ging sie mit ihm zum Heu mähen. Sie waren allein, die Gelegenheit mithin günstig.

Gegen Mittag setzten sie sich am Waldrand in den Schatten und packten Brot und Habermegger aus. Lina gab sich einen Ruck. Jetzt oder nie!
„Ich muss mit dir sprechen, Vater."
Sie war überrascht, als er antwortete: „Johannette hat schon so etwas angedeutet."
Das machte es ihr leichter. „Er heißt Karl. Wir wollen heiraten."
„Ist er ein guter Mann?"
„Der Beste!"
„Und du hast ihn gern?"
„Und wie!"
„Er dich auch?"
„Ganz bestimmt."
Ihr Vater sah ihr eines der wenigen Male in seinem Leben direkt in die Augen. Er steifte mit seiner von der Arbeit rauen Hand überraschend zärtlich ihren Arm. „Der Mensch ist nicht dazu geschaffen, allein zu bleiben. Ich hätte es gerne gesehen, wenn du einen Burschen aus unserer Gegend gefunden hättest. Nun, wenn du dein Herz in der Stadt gelassen hast, dann muss es wohl einer von dort sein. Stellst du ihn mir vor?"
Sie konnte sich nicht erinnern, wann er das letzte Mal so viele Worte an sie gerichtet hatte. Ihre Augen wurden feucht. Am liebsten wäre sie ihm um den Hals gefallen. Aber das wagte sie nicht.
„Darf ich ihm schreiben, dass er herkommen darf? Du wirst überrascht sein, wie viel er von der Landwirtschaft versteht."

„Erzähle mir mehr von ihm“, forderte der Vater sie auf, während er versonnen aufs halb gemähte Feld starrte.
Lina war zunächst überfordert von der ungewohnten Situation. Sie kam nur stockend ins Reden. Als sie der Vater nicht unterbrach oder gar abwürgte, quoll ihr Glück aus ihr heraus. Beinahe geschwätzig erzählte sie ihm von ihrer ersten Begegnung, von Karls Zuhause, beschrieb ihn, zählte seine vielen guten Seiten auf. Bis alles heraus war.
„Wenn das, was du über ihn zu sagen hast, nicht alles der Blindheit der Liebe entspringt, scheint er der Richtige für dich zu sein. Lass ihn ruhig herkommen. Jetzt müssen wir aber weitermähen.“

Überschwänglich schrieb Lina noch am selben Abend nach Essen. Jetzt, da sie den Eltern alles erzählt hatte, war ihre Entscheidung, Eimelrod den Rücken zu kehren, endgültig gefallen. Lina schrieb, Karl möge die nächste Gelegenheit nutzen, sie und ihre Familie zu besuchen. Einen Antwortbrief erhielt sie nicht. Wenige Tage später stand Karl einfach so vor der Tür ihres Elternhauses.
Sie merkte gleich, dass ihr Vater von der imposanten Erscheinung angetan war. Er begegnete ihrem Jungen jedoch zunächst mit spürbarer Distanz. Lina bangte, ihr Vater könne Karls Werben um ihre Hand abschlägig bescheiden. Johannette brachte ihm dagegen von Anfang an viel Freundlichkeit entgegen. Ihr lagen seine Munterkeit und sein Schalk merkwürdigerweise. Dabei war Karl klug genug, sich mit seinen Späßen gegenüber dem, was er sonst von

sich gab, ziemlich zurückzunehmen. So artig kannte Lina ihn im Grunde gar nicht. Er wusste, sich anzupassen.
Lina sprach am Abend seiner Ankunft mit ihrem Jungen darüber, dass sie sich Sorgen um die Zustimmung des Vaters machte. Karl blieb wie immer optimistisch.
„Ich knacke den schon. Wart's ab. Morgen gehe ich mit ihm aufs Feld. Da wird er was erleben!"
Zielsicher hatte Karl erkannt, dass er nur als guter Arbeiter Eindruck auf ihren Vater machen konnte. Lina ließ die beiden am nächsten Tag alleine losziehen. Sie ertrug die Spannung kaum, mit welcher Nachricht ihr Junge heimkäme.
Als es Zeit für das Abendbrot wurde, hörte sie die Männer vom Feld kommen. Ihr Herz stolperte. Nun galt es. Froh bemerkte sie die gute Stimmung unter den Heimkehrern. Ihr Vater erklärte Karl irgendetwas über Schweinemast.
Hatte ihr Junge die raue Schale Christians wie versprochen durchdrungen?
Lina wurde nicht lange auf die Folter gespannt. Gleich, als er über die Schwelle trat, sprach sie der Vater an. „Dein Karl arbeitet, dass es seine Art hat. Der Kerl ersetzt einen Ochsen! Er hat bei mir um deine Hand angehalten. Du sollst ihn haben!"
Überglücklich sank sie in Karls Arme.
Er hatte es geschafft!
Ein Tausendsassa, ihr Bräutigam!
Später verabredeten sie, dass Karl und Lina an Weihnachten in Eimelrod Verlobung feiern sollten. Mehr sprachen sie während dieses Besuchs nicht mehr mit dem Vater darüber.
Nachdem ihr Junge abgereist war – er hatte nur wenige Tage frei bekommen –, besuchte Lina Anette, um ihr die

Neuigkeit zu erzählen. Sie erschrak darüber, wie ihre einst hübsche Freundin aus dem Leim gegangen war. Die frühere Fröhlichkeit suchte sie in ihrem Gesicht vergeblich.
Anette war kurz angebunden, denn sie hatte gerade große Wäsche. Schwatzhaftigkeit würde ihr die Schwiegermutter krummnehmen, vertraute sie Lina an. Als die Sprache auf ihre bevorstehende Verlobung kam, hatte sie das Gefühl, als blitze Neid in den Augen der Freundin auf.
„Du hast es gut. Ein Mann aus der Stadt. Der hat bestimmt Manieren“, sagte Anette nur, gab damit aber nebenbei preis, wie es um ihre eigene Ehe stand.
Lina ließ sich von Anettes Gemütsverfassung nicht herunterziehen. Nachdem sie ein wenig mit angepackt hatte, verabschiedete sie sich. Das war nicht mehr die Freundin, die sie aus Jugendtagen kannte. So, wie sie ihre zukünftige Schwiegermutter Wilhelmine einschätzte, würde ihr ein strenges Regiment im Hause Maaßhoff erspart bleiben. Und wenn nicht, würde Karl einschreiten und sich für seine Frau starkmachen – da war sie sich sicher.
Am Abreisetag verließ Lina das Dorf mit einem Knäuel guter Gefühle im Bauch. Die Enge des Dorfes war ihr bei diesem Besuch wieder einmal richtig bewusst geworden. Eigentlich gab sie nur Bilder auf, wenn sie den Schritt in die Stadt wagte. Die Natur ringsum.
Was zählte das, wenn sie an ihre Zukunft dachte?
Sie würde ihren Jungen bald wiedersehen und durfte ihn heiraten!

Als Karl sie in Essen am Bahnhof abholte, packte er sie bei den Händen und führte ein kleines Tänzchen mit ihr auf, mitten auf der Straße. Passanten blieben stehen und schüttelten ihre Köpfe. Das war in diesem Moment sogar Lina egal. Seit die Eltern der Heirat zugestimmt hatten, fühlte sie sich im Ganzen leichter, beschwingter. Eigentlich verstand sie die Entscheidung des Vaters, den sie geglaubt hatte, so gut zu kennen, immer noch nicht. Aber, wenn er etwas zugesagt hatte, hielt er unverbrüchlich Wort. Einen Rückzieher würde er niemals machen.

Die Wochen bis zur Verlobung flogen dahin. Lina ging die Arbeit mit neuer Leichtigkeit von der Hand. Die Vorfreude auf die Stelldicheine mit Karl beflügelte sie in allem, was sie anfasste. Jede Stunde, die sie sich beide irgendwie freimachen konnten, verbrachten sie zusammen.

Frau Gehring freute sich mit ihr. „Es passt mir zwar nicht, dass du uns irgendwann verlässt, aber dein Strahlen mit anzusehen, das wärmt mir das Herz. Da müssen die eigenen Bedürfnisse zurückstehen, denn du hast dein Glück wirklich verdient. Du warst uns eine treue und fleißige Hilfe, Lina. Es wird schwer werden, einen Ersatz für dich zu finden."

Beinahe hätte sie ihre Dienstherrin umarmt für diese Worte. Im letzten Augenblick fiel ihr der Anstand ein, der so etwas strikt verbot. Stattdessen begnügte sich Lina mit einem Lächeln und einem Kopfnicken.

Wenn sie Karl traf, überlegten sie, wen sie zur Verlobung einladen sollten.

„Meine Mutter und meine Geschwister sollten nach Möglichkeit mitkommen. Wie sieht es mit Bernhardine aus?"

„Ich kann sie ja mal fragen. Aber gerade an Weihnachten wird die Familie, bei der sie arbeitet, nicht auf ihre Hilfe verzichten wollen.“
„Sie könnte nachkommen. Wir sind ja bis Neujahr dort.“
„Ich kann sie gerne fragen. Tante lässt es sich bestimmt nicht nehmen. Sie und Onkel Wilhelm reisen Weihnachten traditionell sowieso nach Eimelrod. Mit denen ist zu rechnen.“
„Die sind ja auch irgendwie Ehestifter zwischen uns. Da dürfen sie nicht kneifen!“ Karl zwinkerte ihr zu. „Aber von meinen Freunden wird bestimmt niemand mitfahren. An Weihnachten haben alle andere Verpflichtungen.“
Dann las Lina in der Zeitung vom Börsen-Crash in New York. Sie besaß keine Ahnung von diesen Dingen, musste aber gleich angstvoll an die Inflation zu Beginn des Jahrzehnts denken. Damals hatte ihr Vater darauf bestanden, dass ihr Dienstherr den Lohn nicht in Papiergeld, sondern in Naturalien bezahlte. Sie erinnerte sich noch lebhaft an das Gezerre, was das in Schinken und Butter hieß.
Lina sparte emsig für die Hochzeit. Würden ihre sauer verdienten Groschen wieder über Nacht zu Nichts verfallen? Konnte diese Krise ihre freudigen Pläne über den Haufen werfen?
Sie sprach mit Karl darüber. Auch er hatte keine Ahnung, ob dieses Geschehen, so weit weg von Deutschland, Gefahren für die kleinen Leute barg. Doch er tröstete sie: „Egal, was geschieht, wir halten einander fest. Es müsste doch mit dem Teufel zugehen, wenn ein Paar wie wir vom lieben Gott gestraft wird, und es wegen des schnöden Mammons

nicht zusammenkommt. Lassen wir den Mut nicht gleich sinken."
Die Zuversicht ihres Jungen beruhigte Lina. Sein Optimismus tat ihr wie immer gut.

Lina saß am ersten Feiertag mit ihrem Karl, Wilhelmine und Külkers im Zug. Die Geschwister ihres Bräutigams hatten die Einladung ausgeschlagen. Sie hatten eigene Pläne für die Festtage oder wollten die teure Zugfahrt sparen. „Ihr heiratet ja bei uns", hatte Martha gemeint. Bernhardine bekam nur am zweiten Weihnachtstag frei. Den wollte sie nutzen, um ihre eigenen Leute zu besuchen.
Getragen von Wellen des Glücks, fand die Verlobung am selbigen Abend im Hause Meier statt. Bruder Wilhelm war bereits Heiligabend angereist, der Rest von Linas Familie ohnehin am Platz. Als Karl Lina den Verlobungsring ansteckte, purzelten ihr Glückstränen über die Wangen.
So ein Geheimniskrämer!
Sie hatte nicht mit einem so wertvollen Geschenk gerechnet.
Selten hatte in diesen Wänden eine derart ausgelassene Stimmung geherrscht. Onkel Wilhelm und Karl waren die Stichwortgeber. Sie erzählten sogar Witze, über die Vater Christian herzhaft lachte. Lina war verliebt wie nie zuvor. Der tiefe Ernst, die Wortkargheit, Last und Mühen, in denen sie großgeworden war, erhielten Risse, die Lichtstrahlen durchließen für ihre Zukunft.
Was für ein unfassbares Glück, dass ihr ein Mann wie Karl über den Weg gelaufen war!

Ihrem Jungen schien es nicht anders zu gehen. Trotz aller Ausgelassenheit schickte er ihr häufig verliebte Blicke über den Tisch. Am Abend gestand er Lina: „Eine etwas stille Familie hast du da. Außer den beiden Kleinen. Der Walter hat es faustdick hinter den Ohren, glaube ich."

Sie verbrachten ein glückliches Jahresende in Eimelrod. An den Wanderungen durch den Schnee beteiligten sich im Wesentlichen ihr Bruder Wilhelm und Cousin Willi. Linas andere Geschwister waren froh, wenn sie die Füße mal stillhalten durften. Sie wollte Karl auch unbedingt ihren Arbeitsweg nach Adorf zeigen. Dorthin brachen sie an einem der Tage zu zweit auf.

Mit jedem Schritt wurde Karls Miene finsterer.

„So weit hat dich der Vater laufen lassen? Aber doch bestimmt nicht im Winter?"

„Natürlich, auch im Winter. Hin im Dunkeln und zurück im Dunkeln."

„Das soll unseren Kindern erspart bleiben!"

Es war das erste Mal, dass Karl von gemeinsamen Kindern sprach. Es hörte sich in ihren Ohren noch sehr fremd und gewöhnungsbedürftig an.

Natürlich wurden die Gäste die ganze Zeit über fürstlich bewirtet. Das war Vater Christian wichtig. Dabei rückten alle eng zusammen, denn die Räumlichkeiten drohten von so vielen Menschen zu platzen. Zu den Mahlzeiten war es schwierig, die Bissen zum Mund zu führen – so gedrängt ging es zu. Jeden Tag stand Fleisch auf dem Tisch. Der Vater hatte ein Wildschwein besorgt. Das wanderte nach und nach in den Kochtopf. Wilhelmine schien der Geschmack fremd zu sein. Lina beobachtete, wie ihre zukünftige

Schwiegermutter ab und zu die Nase kraus zog, wenn sie den Geruch des dampfenden Wildes einsog. Sie schloss daraus, dass diese Speise kaum auf Essener Tafeln zu finden war. Dann fiel ihr ein, dass Wild auch bei Gehrings äußerst selten auf dem Tisch gestanden hatte.
Nachmittags bog sich die Tafel unter Kuchen. Sogar echter Bohnenkaffee wurde gereicht. An nichts wurde gespart. Lina war stolz, dass sich das Haus Meier so spendabel präsentierte. Sie betrachtete es als eine Art Wertschätzung ihrer Person. Und als Zeichen dafür, dass ihr Junge unter diesem Dach willkommen war. Die gute Bewirtung drückte in der Art dieses wortkargen Menschengeschlechts Sympathie aus. Sie wollte nicht wissen, wer und wann unter dem Mangel, der dem Prassen mit Sicherheit folgen würde, leiden musste. Am Neujahrstag reisten sie gemeinsam heim. Alle wussten nun, dass Lina und Karl ein Paar waren und sich trauen lassen würden.

Kaum in Essen zurück, stürzte sich Lina eifrig in die Vorbereitungen ihrer Hochzeit. Ein Kleid wollte bestellt werden, ein Anzug für Karl, der Termin mit einer Gaststätte und dem Pfarrer abgestimmt werden, Einladungskarten ausgesucht und verschickt, das Essen ausgesucht, die Gästeliste zusammengestellt werden. Und so weiter und so fort. Karl und sie sprachen häufig darüber, waren sich teilweise uneins, fanden am Ende aber immer eine gute Lösung. Hineinreden ließen sie sich von niemandem. Ein gutes Omen für die spätere Ehe.

Onkel Wilhelm neckte seine Nichte ab und zu: „Na, kannst du es noch aushalten, das Warten?"
Sein verschmitztes Lächeln verriet nicht, wie er das meinte. Lina wandte sich regelmäßig errötend ab und erwiderte nichts.
Am 9. August 1930 wurde endlich Hochzeit gefeiert. Der Vater hatte tatsächlich sein Dorf verlassen und Heinrich und Fritz mitgebracht. Wilhelm wohnte ja quasi um die Ecke. Luise kam aus Hagen angereist. Johannette blieb mit den beiden Kleinen zu Hause. Sie musste das Vieh versorgen.
Anette hatten sie auch auf die Gästeliste gesetzt, aber nur eine lapidare Absage erhalten. Lina hatte das Gefühl, ihr Mann habe ihr die Reise verboten. Dafür war diesmal Bernhardine dabei. Dass Külkers sich die Hochzeit nicht entgehen ließen, hatte das Brautpaar als selbstverständlich vorausgesetzt.
Von Karls Seite gehörte natürlich Mutter Wilhelmine zur Schar der Gäste. Seine vier Geschwister mit ihren Partnern erschienen ebenfalls, auch einige der Stiefgeschwister. Enge Freunde von ihm komplettierten die Hochzeitsgesellschaft.
Die Orgel in der Haarzopfer Kirche spielte schwellende Akkorde, als Vater Christian seine Tochter Lina zum Altar führte. Aufgeregt wie ein Bub stand Karl vorne und erwartete sie. Er nestelte am Kragen seines Anzugs herum. Pfarrer Neuse hielt eine schöne Predigt über die Pflichten der Eheleute gegeneinander. Sie tauschten die Ringe und knieten zum Segen hin. Still für sich versprach Lina Gott, ihrem Jungen eine gute Gefährtin zu sein. Dann zog sie am Arm

von Karl aus der Kirche aus. Nun endlich waren sie Mann und Frau.
Gefeiert wurde nur zweihundert Meter weiter im Victoriasaal des Gasthauses „Zum scharfen Eck“. Das war die erste Adresse für große Feste im Stadtteil. Sie ließen sich die kurze Strecke nicht fahren, sondern führten die Hochzeitsgesellschaft zu Fuß an. Vorbeigehende Passanten riefen ihnen Hochrufe zu.
Brautleute und Gäste strömten in den Victoriasaal. Dort waren die Tische bereits festlich gedeckt. Nacheinander traten die Geladenen vor und gratulierten zur Vermählung. Dabei überreichten sie auch ihre Geschenke, die zunächst auf einem Tisch abgestellt wurden. Ums Auspacken würden sich Karl und Lina später kümmern.
Wilhelmine wollte sich gar nicht von ihrer Schwiegertochter trennen. Sie schloss sie in ihre Arme und heulte vor Glück. Vater Christian drückte den frisch Vermählten nur die Hand, nickte ihnen dabei aber für seine Verhältnisse überschwänglich freudig zu. Karl sprach er dabei nicht nur Glückwünsche aus, sondern sagte ihm auch: „Pass gut auf mein Mädchen auf!“ Ganz ernst, ganz fürsorglich. Lina rührte dieser kurze Satz zu Tränen.
Das war sogar noch nicht alles, mit dem sie der Vater heute überraschte. Vor dem Essen rezitierte er tatsächlich ein Gedicht.

Ein ‚Grüß Gott‘ die ihr euch heute
In festgeweihter hehrer Stunde
Für eures Lebens ganze Zeit
Vereint zum schönen Ehebunde.

Die Liebe, die da nie aufhört
Sie möge immer darin walten
Sie will, was euer Glück nur stört
Für immer ferne von euch halten![21]

So wenige Worte, aber doch so viel mehr, als sie erwartet hatte. Lina wusste ja, dass ihr Vater nicht gerne vor den Leuten sprach. Dass er ihr diesen kleinen Gefallen erwies, rechnete sie ihm hoch an.

Anschließend wurde Suppe serviert. Eine klare Rinderbrühe mit Eierstich und Markklößchen. Onkel Wilhelm übernahm es, nach der Vorspeise eine Ansprache zu halten. Ihm merkte man an, dass er gewohnt war, vor Menschen zu reden. Das Brennen überließ er mittlerweile einem Mitarbeiter. Ihm lag mehr der Verkauf, der Umgang mit den Kunden.

„Liebe Lina, du hast vom Land in die Stadt gefunden, zu uns, nach Essen. Vieles wird dir anfangs schwer gefallen sein, vieles musstest du neu lernen. Meine Frau und ich waren dir von Anfang an zugetan. Du hast uns mit deiner Zuverlässigkeit und deinem Fleiß imponiert und damit unsere Achtung erworben. Aber wir haben auch dein ruhiges, liebes Wesen schätzen gelernt. Jetzt, da du bei uns den Einen, den Richtigen gefunden hast, wirst du den Schritt, in die Ferne gezogen zu sein, nie mehr bereuen. So bist du also mit dem heutigen Tag endgültig in Essen angekommen und wir heißen dich hier noch einmal auf das Herzlichste willkommen.

---

[21] Aus einer zeitgenössischen Hochzeitszeitung, Verfasser unbekannt

Lieber Karl, das hättest du dir nicht träumen lassen, eine Braut aus dem Hessischen zu bekommen! Die Wege unseres Schicksals sind manchmal krumm, unübersichtlich. Aber wir sind überzeugt, dass du dein Glück in diesem Wirrwarr gefunden hast. Und dass sich deine Braut nicht nur darauf versteht, einen Haushalt zu führen, sondern sich sogar mit der Landwirtschaft auskennt, das wird euch zu Hause recht gefallen haben. Wenn die Liebe und das Praktische zusammenfinden: Wie ideal ist eine solche Verbindung!
Wir alle wünschen euch von Herzen Glück. Gottes Segen möge auf eurer Ehe liegen. Auf das Brautpaar ein dreifach donnerndes: Hoch! Hoch! Hoch!"
Onkel Wilhelm erhob sein Weinglas und alle taten es ihm gleich. Der Victoriasaal bebte vom Jubel der Gäste. Lina bemerkte, dass sich sogar ihr Vater eine Träne verdrückte. Was für ein Tag! Dabei war es überhaupt nicht ihrs, solcherart im Mittelpunkt zu stehen.
Der Suppe folgte ein deftiger Schweinebraten. Zum Dessert wurde Kompott gereicht. Lina nippte nur von allen Speisen – so aufgeregt war sie. Das erste Glas Wein stieg ihr bereits zu Kopf. Als sie einen kurzen Moment nicht aufpasste, wurde schon nachgeschenkt. So durfte es nicht weitergehen, sonst lag sie beim Abendessen schon unter dem Tisch!
Die Stimmung an der U-förmigen Tafel war ausgelassen. Etliche Männer entzündeten nach dem Essen Zigarren, Verdauungsschnäpse wurden ausgeschenkt. Ständig standen andere Leute bei Braut und Bräutigam, um sich für das gute Essen zu bedanken und einen kleinen Schwatz zu halten. Lina schwirrte der Kopf. Zum Glück waren keine völlig fremden Leute eingeladen, so dass sie alle sofort mit Namen

ansprechen konnte. Förmliche Vorstellungen wurden ihr erspart.
Nach dem Essen packte sie gemeinsam mit Karl die Geschenke aus. Jedes wurde mit lautstarken „Aaahs“ und „Ooohs“ bedacht. Es war Nützliches darunter, wie ein Einkochkessel, aber auch Dekoratives, wie ein silbernes Milchkännchen nebst passendem Zuckertopf. Nicht alles gefiel Lina, aber das war ja nur natürlich. Wie sollten die Leute wissen, was ihr gefiel? Jedes Geschenk würde seinen Platz in ihrem Haushalt finden.
Am Nachmittag wurde die Hochzeitstorte hereingeschleppt, mehrstöckig und reich verziert. Die Bedienung überreichte den Brautleuten ein Messer. Lina schnitt die Torte mit Karl zusammen an. Die Kellnerin hielt ihnen die Kuchenteller hin. Sobald ein Stück Torte darauf lag, wurden sie im Saal durchgereicht, bis alle versorgt waren. Unterdessen wurde der Kaffee ausgeschenkt. Alle lobten die Torte, die von Bäcker Ziegler angeliefert worden war.
Nach dem Kaffeetrinken unternahmen einige einen Verdauungsspaziergang im Stadtteil. Lina kümmerte sich um die zurückgebliebenen Gäste. Karl unterhielt sich unterdessen mit einigen Freunden. Das Lachen der Männer schallte quer durch den Saal. Eine muntere Gesellschaft war das. Alle gehörten dem Männergesangverein „Germania“ an, in dem Karl Mitglied war.
Während sie mit ihrer frisch gebackenen Schwiegermutter und Lydia und Martha sprach, bemerkte Lina, dass Karl mit seinen Freunden verschwunden war. Die Spaziergänger waren mittlerweile alle zurückgekehrt. Wo steckten die Männer bloß? Gleich sollte es Abendbrot geben.

Onkel Wilhelm rief von der Tür des Victoriasaals her in den Raum hinein, alle mögen nach draußen kommen. War etwas passiert? Aber nein, der Onkel grinste verschmitzt über das ganze Gesicht. Aus seinen Augen sprach der für ihn typische Schalk. Neugierig kam Bewegung in die Gästeschar. Lina schwemmte mit ihnen nach draußen vor das Lokal.
„Meine Damen und Herren, hören Sie, was diese fabelhafte Truppe für die Braut zum Besten geben wird. Vorhang auf für die Haarzopfer Lerchen!"
Da standen sie aufgereiht, die Sängerfreunde, und räusperten sich. Karl gab das Zeichen zum Einsatz.

Unter allen Landen deutscher Erde
Preis' ich Waldeck, mein lieb' Heimatland,
Bis zum letzten Atemzuge werde
Ihm ich weihen treulich Herz und Hand.
Mein Waldeck lebe hoch! Mein Waldeck lebe hoch!
Mein teures, liebes Waldeck, es lebe, lebe hoch[22]

Unbemerkt war Vater Christian zu Lina getreten und nahm ihre Hand. Auf seiner Wange sah sie tatsächlich die glänzende Spur einer Träne. Auch sie konnte die Tränen nicht zurückhalten. Sie tropften ungehindert aufs Brautkleid.
Die Hymne ihrer Heimat, vorgetragen von den Haarzopfer Sängern!
Karl, dieser Schelm – hatte er doch hinter ihrem Rücken dieses Lied mit seinen Freunden einstudiert, um es ihr zu schenken. Sie musste alle sechs Strophen abwarten, bis sie ihrem Mann endlich um den Hals fallen durfte.

---

[22] „Mein Waldeck", im Jahr 1890 verfasst von August Koch

Was für eine Überraschung, was für ein Geschenk!
Sie küsste Karl und wollte ihn nicht mehr freigeben.
Das Abendessen kam auf den Tisch. Lina wunderte sich, dass sie nach der Torte noch etwas herunterbekam. Als anschließend die Musik aufspielte, eröffnete das Brautpaar den Tanz. Erste Männer waren da schon ziemlich betrunken. Als sie von ihren Frauen auf die Tanzfläche gezogen wurden, sahen ihre Bewegungen nicht mehr allzu geschmeidig aus. Lina sah darüber hinweg. Sie lag in Karls Armen, ließ sich von ihm übers Parkett führen, versank im Glückstaumel, in der Feststimmung, genoss ihren Tag. Es war kein kitschiges Wort: Der glücklichste Tag in ihrem Leben!
Erst nach Mitternacht hatten sich alle Gäste verabschiedet und Lina ging am Arm von Karl zu ihrem neuen Zuhause. Alle anderen Verwandten, die dort wohnten oder übernachteten, hatten sich bereits früher verabschiedet. Also waren sie in der milden Nacht allein unterwegs. Verliebt schlenderten sie das Landsträßchen nach Mülheim Raadt entlang und genossen das Zusammensein. Immer wieder blieben sie stehen und küssten sich.
„Das war eine ganz tolle Feier, Karl!“, schwärmte Lina.
„Was hat dir am besten gefallen?“
„Alles. Nein, eigentlich das Lied. Meine Heimat!“
„Ich wusste, dass ich dir damit einen Gefallen tue.“
„Das hast du, mein Junge, das hast du …“
Auf dem Hof angekommen, schlichen sie zur Haustür. Karl öffnete sie und nahm Lina auf den Arm. Er trug sie über die Schwelle. In diesem Augenblick hätte sie laut jubeln mögen. Aus Rücksicht auf die anderen Bewohner, beherrschte sich Lina jedoch. Ihr entschlüpfte nur ein ganz kleiner Seufzer.

Das kleine Glück

Für Lina brach die Zeit an, an die sie später am liebsten zurückdachte. Das lag weniger daran, dass ihr Alltag leichter geworden wäre. Im Gegenteil. Gemessen an ihrer letzten Dienststelle bei den Gehrings, gab es eher mehr zu erledigen und zu versorgen. Aber das, was in der Schuirer Straße an notwendigen Handgriffen anstand, kannte sie, ging ihr leicht von der Hand. Fraglos übernahm sie die Stellung der Hausfrau und kümmerte sich um alles. So, wie sie es als Mädchen in Stellvertretung ihrer gestorbenen Mutter übernommen hatte, so, wie sie es beim Bauern in Adorf getan hatte, so, wie sie es als Hausmädchen bei den Gehrings gelernt hatte. Mit Arbeit war sie nicht zu erschrecken, die war sie gewohnt. Mehr noch. Es war die Vertrautheit der Dinge, die den Ablauf der Tage bestimmte, aus der sie ihr Glück schöpfte. Das war das Leben, das sie von Kindesbeinen an kannte und das ihr vorgelebt worden war. Ein Unterschied bestand allerdings: Jetzt war sie es, die über die Art und Reihenfolge der Erledigung ihrer Aufgaben bestimmte.
Karl blieb auch in der Ehe der aufmerksame Mann, den sie erwählt hatte. Mit ihrer Schwiegermutter kam sie gut aus, erhielt nie das Gefühl vermittelt, die Zugezogene, die Fremde im Haus zu sein. Schwägerin Martha und ihr Mann Fritz ließen sie weitestgehend gewähren, mischten sich selten in irgendetwas ein. Niemand unternahm den Versuch, ältere Rechte einzufordern oder ihr gar Vorschriften zu machen. So eng, wie man aufeinander hockte, hätte einem alles andere das Leben schwer machen können. Nein, was ihre

Stellung als junge Frau im Haus anging, gab es nichts zu klagen.
In der Hülle des Alltags war andererseits leicht zu übersehen, dass es mit Deutschland bergabging. Die durch den Börsencrash im letzten Jahr ausgelöste Wirtschaftskriese führte zu hohen Arbeitslosenzahlen. Die Not schrieb tiefe Sorgenfalten in viele Gesichter. Karl verlor seine Anstellung und versuchte, selbst an kleinere Aufträge zu gelangen. Das war jetzt, wo überall das Geld knapp wurde, nicht einfach. Immer häufiger gab es Nachmittage, an denen er zu Hause blieb, weil niemand an einen neuen Anstrich dachte, andere Ausgaben schon schwierig genug zu stemmen waren. Die nackten Bedürfnisse des Lebens gingen vor, die Ernährung der Familie. Es erwies sich als großes Glück, dass in der Schuirer Straße Landwirtschaft betrieben wurde und als Segen, dass Lina sich in allem so gut auskannte.
Ab und zu dachte sie darüber nach, ob sie ihre Hochzeit zu groß aufgezogen hatten. Ein paar weniger Gäste, einfacheres Essen vielleicht, ein günstigeres Kleid. Sie hätten das Geld jetzt gut gebrauchen können. Einige Anschaffungen für ihren Haushalt standen noch aus.
Doch dann kehrten die Erinnerungen an ihre Hochzeit zurück. Die Freude, den Vater reden zu hören, das Waldeck-Lied, die herzliche Aufnahme durch Karls Verwandtschaft, das rauschende Fest. In die Schuirer Straße kam recht häufig Besuch. Dann wurde noch oft über die Hochzeit gesprochen. Lina erhielt von allen Seiten Bestätigung dafür, dass Karl und sie ein tolles Paar waren und sie ihren Ehrentag würdig begangen hatten.

Nein, entschied sie, jede Mark, die für die Feier draufgegangen war, war gut angelegtes Geld. Das war ihr und Karls Tag gewesen, ihr Startschuss in die gemeinsame Zukunft. Niemand würde ihnen die Erinnerungen daran nehmen. Davon würden sie noch oft zehren, auch, wenn es wie gerade, eher knapp zuging.

Das Pendel, das ihre Zeit bemaß, taktete ihr neues Leben in unveränderter Weise. Sechs Tage Arbeit, eine Atempause am Ende seiner Schwungbahn.

Lina genoss die freien Stunden am Wochenende. Samstagabends um sieben Uhr läuteten die Glocken vom Haarzopfer Kirchturm den Tag des Herrn ein. Dann nahm sie ihre Schürze ab und setzte sich mit Karl und Wilhelmine an den Abendbrottisch. Die Schwiegermutter hatte die Kartoffeln zum Kartoffelsalat in kleine Würfel geschnitten, Eier und Gurken ebenfalls. Lina hatte die Mayonnaise gerührt und untergezogen. Jetzt brachte sie die große Glasschüssel auf den Tisch, der bereits mit Tellern und Besteck gedeckt war, stellte neben Karl einen Siphon mit Bier ab. Lina holte die erhitzten Knackwürste aus dem Topf und legte jedem eine auf. Dazu aßen sie Senf, Karl viel, Wilhelmine wenig – jeder nach seinem Geschmack. An anderen Tagen bereitete sie Russisch Ei zu, nach einem Rezept, das ihr noch die Mutter in ihr Kochbuch geschrieben hatte. Eine Alternative zu den Knackwürsten. Auf diese Art begann regelmäßig ihre Auszeit am Ende der arbeitsreichen Woche.

Wenn es die Vorbereitung des Mittagessens zuließ, ging Lina sonntags gerne in die Kirche. Sie liebte die alten

Choräle, die ihr aus der Heimat vertraut waren. Nach und nach lernte sie Leute im Stadtteil kennen, erfuhr, wer zusammengehörte, wer sich freundlich gesonnen war und wer eher nicht. Überall, wo Menschen zusammenlebten, im Grunde dasselbe Beziehungsgeflecht. In vielerlei Hinsicht kam ihr Haarzopf wie eine städtische Ausgabe von Eimelrod vor. Nur, dass es hier einen neuen unsichtbaren Trennstrich gab: Den zwischen Evangelischen und Katholischen. Die Glaubensgemeinschaften begegneten sich zwar nicht in offenem Hass, aber zu verschiedenen Gelegenheiten spielte es eine Rolle, wer welcher Kirche anhing. Nur gut, dass ihr Karl ebenfalls evangelisch war. Sonst hätte es nur Schwierigkeiten gegeben. Diesen Graben kannte sie aus ihrer Heimat nicht, denn die Eimelroder waren überwiegend Protestanten. Bis auf ein paar Juden, die sich möglichst unauffällig verhielten, um nicht anzuecken. Im Grunde, erkannte Lina, dasselbe Spiel. Nur wurde es hier von zwei ähnlich großen Gruppen gespielt, die beide selbstbewusst auftraten.

Im Frühjahr 1932 bemerkte Lina, dass sich Nachwuchs einstellen würde. Sie erzählte Karl erst davon, als ihr Bauch nicht mehr zu übersehen war. Ihr Junge reagierte überschwänglich darauf. Er freute sich genauso auf das Kind, wie die werdende Mutter. Karl achtete darauf, dass sie sich nicht überanstrengte, ermahnte Lina, wenn sie wieder einmal über den Ackerfurchen gebeugt dastand und erntete, stopfte ihr im Sessel ein Kissen in den Rücken. Die Fürsorge in Person.

Ende Oktober brachte sie ihre Tochter zur Welt. Sie wurde Hermine getauft und hieß mit zweitem Namen zu Ehren der Schwiegermutter Wilhelmine. Auch dieses Ereignis wurde mit vielen Gästen gefeiert. Karl betrank sich dabei am selbst gekelterten Johannisbeerwein, dass er noch am nächsten Tag über Kopfschmerzen klagte. So leichtsinnig hatte ihn Lina nicht einmal bei der Hochzeit erlebt. Der frisch gebackene Vater hatte sich aus lauter Freude betrunken. Der einzige Grund für Lina, ihm keine Vorwürfe zu machen, auch wenn sie Trunkenheit hasste. Zu oft hatte sie erlebt, wie der Alkohol Familien in tiefe Not stürzte. Und Betrinken passte auch nicht in ihre Vorstellung von einem gottgefälligen Leben.

Während sie zuvor noch tageweise bei den Gehrings ausgeholfen hatte, gab Lina die Stelle nun endgültig auf. Sie hätten das Geld zwar gut gebrauchen können, aber ein Kind, der Haushalt und die Landwirtschaft – das wäre selbst einem Arbeitstier wie ihr zu viel geworden.

Karl war nicht nur ein guter Ehemann, der ihr alle Freiheiten in Haus und Hof ließ, sondern entpuppte sich auch als guter Vater. Er freute sich sichtlich über den Nachwuchs, nahm oft Hermines kleine Finger in die Hand, streichelte ihr übers Köpfchen, wiegte sie in den Schlaf. Wenn sie kränkelte, tröstete er sie nachts abwechselnd mit Lina.

Aber wäre Karl auch ein gutes Vorbild, ein Vater mit ordnender Hand, wäre Hermine erst größer?

Manchmal ärgerte sich Lina über den Leichtsinn ihres Mannes und seine Lausbubenhaftigkeit. Gerade bei Tisch schüttelte sie oft den Kopf über ihren Jungen. War es in Eimelrod bei den Mahlzeiten immer still und gesittet zugegangen, konnte sich Karl seine Faxen selbst beim Essen nicht verkneifen. Gab es am Sonntag Rouladen, kam es vor, dass er den Anfang vom Faden zwischen den Gabelzinken einklemmte und sie erst drehte, dann auf den Stuhl kletterte und den Faden immer höher vor der Brust bis über den Kopf zog. „Ja wo hörst du denn auf? Wo ist denn nun dein Ende? Muss ich erst die Leiter holen?“

Eine andere Marotte war, dass er nicht auf heißes Essen pustete, um es abzukühlen, sondern die Lippen spitzte und darauf pfiff.

Lina ärgerte sich über solche Bubenstücke. Sie fand, sie sollten dankbar dafür sein, wann immer etwas auf dem Tisch stand. Sie sollten dem Essen Ehre erweisen. Die Späße von Karl passten nicht zu diesen Vorstellungen. So albern ging man nicht mit Gottes Gaben um.

Doch obwohl sie Karl das nie unkommentiert durchgehen ließ, waren ihm diese Faxen nicht auszutreiben.

Die Ereignisse auf großer politischer Bühne spielten im Alltag der jungen Familie keine Rolle. Zwar bezogen sie eine Tageszeitung, aber was störte es Korn und Runkeln, wer in Berlin regierte?

Lina hatte dem Geschehen um sie herum immer wenig Aufmerksamkeit gewidmet. Das Politisieren überließ sie allzu gerne den Kerlen. Ihr Vater Christian war immer der Ansicht gewesen, dass es ohnehin nichts brachte, mitzureden. „Wem Gott gibt ein Amt, dem gibt er auch Verstand“ – das war seine Meinung dazu. In diesem Sinne waren sie zu Hause erzogen worden. So wie der Vater in den eigenen vier

Wänden die oberste Autorität verkörperte, bildeten der Pfarrer, Großbauern und Politiker auf kommunaler Ebene die nächste Stufe in dieser Hierarchie. Bis hin zu den ganz Großen, die in der Hauptstadt das Sagen hatten.

Der neue starke Mann in Deutschland war jetzt zweifellos Adolf Hitler. Die Wirtschaftskrise hatte ihn hochgespült – selbst Lina begriff diesen Zusammenhang. Hitler wurde Anfang 1933 umfänglich per Gesetzt ermächtigt, ohne das Parlament zu regieren. Lina, die von Kindesbeinen an bedingungslose Autoritätsgläubigkeit gewöhnt war, fand daran nichts Schlechtes. Falls sie überhaupt darüber nachdachte. Dort lag die kleine Hermine in der Wiege und schrie nach Milch, nebenan standen Kuh und Schwein im Stall und wollten gefüttert werden, hier lag der Haufen Wäsche, da wartete die Saat, und wenn Karl nach Hause kam, wollte er etwas zu essen haben. Der Tag war angefüllt mit tausend Handgriffen, die alles andere übertünchten. Ohnehin fehlte Lina die Vorstellungskraft, was für ein Land wie Deutschland gut und richtig war. Ändern konnte der kleine Mann sowieso nichts.

Nach dem Krieg hatten sich die Argumente gedreht. Große Worte von Demokratie hatten die Runde gemacht, das Volk sollte mitbestimmen. Die junge Lina, die gerade die Schule verließ, hatten diese Parolen nicht erreicht. Als sie viel später wahlberechtigt geworden war, hatte sie mit diesem Recht nichts anfangen können. Alle paar Jahre Kreuze auf einem Zettel anbringen, vor dem jemand, der keinen Zugang fand zu den hehren Worten der Politiker, der deren Auseinandersetzungen kaum folgen konnte, mit lauter Fragezeichen im Kopf stand – mehr bedeutete es für sie nicht.

Wozu? Was brachte das?
Ganz eingeleuchtet hatte ihr dieses Ritual nie. Die großen Versprechen, die man dem Volk vor der Wahl gab, wurden sowieso nie gehalten. Die Wirtschaftskrise hatte zuletzt allen die Luft abgedreht. Dass es aufwärts gehen sollte mit Deutschland, hörte man von allen Parteien. Der Mann von der Straße blieb diesen Versprechungen gegenüber skeptisch. Die Politiker hatten ihn oft genug verschaukelt.
Und wen interessierten unter diesen Bedingungen schon Grundsatzdiskussionen? Etwa die hier und da beschworene Selbstbestimmung der Frau? Indem sie sich die Haare kurz schnitten, rauchten und skandalös knappe Kleider trugen? Auch das hatte nie in Linas erlerntes Weltbild gepasst. Viel eher verstand sie da die Nationalsozialisten. Den Frauen sollte wieder verstärkt die Rolle der Hausfrau und Mutter zugedacht werden. Das entsprach Linas Auffassung von ihrem Anteil an einer funktionierenden Familie. In dieser Rolle fühlte sie sich wohl, das war das, was sie von Kindesbeinen von Frauen kannte. Alles andere hatte sie nur verunsichert. Sie spendete dem klassischen Frauenbild, das überall verbreitet wurde, still Beifall. Es forderte ihr keine Veränderung ab, und das war gut so.
Karl stand dem politischen Geschehen wesentlich näher als seine Frau. Er traf genug andere Männer, die sich Gedanken um die Entwicklung in Berlin machten. Kräfte, die den Arbeitern nahe standen, die Kommunisten, die Sozialdemokraten, wetterten gegen die Unvernunft, einem Mann wie Hitler so viel Macht in die Hand zu geben. „Das wird böse enden", war die Meinung nicht weniger, wie Karl ihr erzählte. Sie hörte ihn des Öfteren sagen: „Hat jemand ein

Mittel dagegen? Unsereins wird immer dann umschmeichelt, wenn die Großen etwas von uns wollen. Am Ende machen sie doch, was ihnen in den Kram passt."

Ja, da hatte er wohl Recht. So sah Lina das auch. Auf der Seite der kleinen Leute stand in Wirklichkeit niemand. Kein Kaiser, keiner von den abgehalfterten Kanzlern und auch keine Partei. Das war jedenfalls Linas Meinung, wenn sie sich überhaupt um solche Themen scherte. Am besten, sie sahen selber, wie sie klarkamen. Die Landwirtschaft machte sie von Vielem unabhängig. Gut, dass sie einen Mann geehelicht hatte, der auf einem Anwesen wie diesem groß geworden war.

Das Einzige, was Lina auf politischer Bühne wirklich befremdete, waren die harschen Töne, die einzogen. Da wurde gehetzt, wurden Schuldzuweisungen ausgesprochen, gegeifert, vieles behauptet, von dem zuvor nie die Rede gewesen war. Das deutsche Volk stand über allem, wurde als die Rasse dargestellt, an der die Welt genesen sollte. Lina wusste nur eins: Der Kaiser hatte sein Volk in den Krieg geschickt, viele waren auf dem Feld geblieben oder versehrt nach Hause gekommen. Hatte irgendjemand etwas von diesem blinden Patriotismus gehabt?

Jedenfalls niemand dort, wo sie herkam!

Das immer lauter werdende Säbelrasseln machte ihr schon manchmal Sorgen. Sie kannte es noch von der Schule her. Lina tröstete sich damit, sie könne vieles nicht richtig verstehen, was die Zeitungen schrieben. Ihr Leben war das auf dem Acker in der Schuirer Straße, das häusliche, sorgende. Zuallererst kamen Mann und Kind. Die hohen Herren würden schon wissen, wie die Welt beschaffen war. Lina hoffte,

dass alles, was sie von sich gaben, gut für das deutsche Volk wäre.
Doch diese Gedanken zuckten nur in wenigen Momenten bei ihr auf. Mochte die Welt sich drehen, wie sie wollte. Lina bewegte sich auf ihrer kleinen Scholle.

Es war ein großes Glück für ihre Familie, dass Karl im Laufe des Jahres 1933 eine neue Stelle fand. Von einem Verwandten hatte er erfahren, dass man bei Krupp auch ohne den passenden Gesellenbrief Arbeit finden konnte. Er fing im Sommer als Nieter an. Der Lohn war gut und vor allem kam er regelmäßig. Schnell waren ein paar Mark zusammengespart. Schon 1934 konnten sie einen neuen Küchenherd anschaffen, einen Küppersbusch.
Was für ein Fortschritt gegenüber der alten Möhre!
Mit Freude polierte Lina beinahe täglich die umlaufende Metallstange. Das war ihre Art, den Stolz auf den Herd gegenüber ihrem Mann auszudrücken.
Karl drängte seine Mutter seit geraumer Zeit, das Erbe neu zu regeln. Schließlich versorgte er sie in seinem Haushalt mit und es gab viele Geschwister, die zu bedenken waren. Außerdem hatte er mittlerweile einiges an eigenem Geld in das Haus gesteckt. Er wollte wissen, worauf er sich beim Erbe einließ.
Immerhin existierte eine Urkunde aus dem Jahr 1910, in der geregelt war, dass nur die Nachkommen aus Wilhelmines erster Ehe mit Vater Johann erbberechtigt sein sollten. Ihr zweiter Ehemann verzichtete darin für sich und seine leiblichen Kinder auf einen Erbanteil an dem Anwesen in der

Schuirer Straße. Wilhelmines Sohn Wilhelm, der geistig behindert geboren worden war, und den sie in eine Anstalt nach Bethel gegeben hatte – dort hatte er Bürsten gefertigt –, war wenige Jahre später an einer Lungenentzündung gestorben. Ihr Sohn Ferdinand war im Ersten Weltkrieg in Frankreich gefallen. Somit gab es seit der damaligen Regelung zwei Nachkommen lose Erben weniger. Wilhelmines Töchter Maria und Klara waren ebenfalls verstorben. Sie hatten Kinder hinterlassen, Wilhelmines Enkel, die jeweils gemeinschaftlich mit dem Anteil ihrer Mütter bedacht werden sollten. Von den erbberechtigten Geschwistern lebten 1934 noch Martha, Lydia, Ernst und Hedwig. Und natürlich Karl.

Es wurde verfügt, dass sechs Monate nach Wilhelmines Ableben jedes Kind, beziehungsweise seine Nachkommen, mit zweihundert Reichsmark abzufinden seien. Im Gegenzug wurden Karl Haus und Grundstück in der Schuirer Straße übertragen. Er übernahm auch eine bestehende Hypothek über 1.800 Reichsmarkt und verzichtete auf den Ersatz der Aufwendungen, die er bisher aus eigener Tasche ins Haus gesteckt hatte. Obendrein verpflichtete er sich, seine Mutter weiterhin im Haus wohnen zu lassen und sie lebenslang in „guten und kranken Tagen“ zu unterstützen.

Als die notariell gesiegelte Urkunde im Haus Schuirer Straße einging, äußerte sich Karl gegenüber Lina sehr zufrieden mit dieser Abmachung. „Jetzt sind die Verhältnisse geklärt und niemand nimmt uns das Haus mehr weg.“

Auch sie war’s zufrieden. Dass die Alten im Haushalt mitversorgt wurden, das war auch in Eimelrod üblich gewesen. Lina hatte Wilhelmine als angenehme Frau erlebt. Sie beide ergänzten sich gut, und nach einem schweren Leben hatte es die Schwiegermutter redlich verdient, sich über ihr Alter keine Sorgen machen zu müssen.

Hermine entwickelte sich zu einem quirligen Kind, dem man den ganzen Tag hinterherlaufen konnte. Ein Sonnenschein mit hellblondem Haar und einem perlenden Kleinkindlachen – da schlug wohl das Erbe des Papas durch.
Im Alter von anderthalb war Hermine für ihre Oma schon zu fix auf den Beinen. Wenn Lina in die Beete oder aufs Feld ging, setzte sie das Kind in den Laufstall. Es gefiel ihr zwar nicht, den Bewegungsdrang ihrer Tochter auf diese Weise einzuschränken, doch so etwas war durchaus üblich. Lina wäre es nicht möglich gewesen, nebenbei ständig ein Auge auf Hermine zu haben oder laufend die Arbeit zu unterbrechen, um das Kind von irgendwelchen Dummheiten abzuhalten. Dann würde sie nie mit ihrem Tagwerk fertig. Nein, da war die Kleine besser im Laufstall aufgehoben. Auch wenn ihre Tochter herzzerreißend plärrte, wenn sie bloß ahnte, dass sie darin festgesetzt werden sollte.
Im Herbst 1934 fuhr Lina zusammen mit Karl und Hermine in die alte Heimat. Das erste Mal seit ihrer Verlobung Weihnachten 1929. Sie freute sich darüber, dass ihr Vater Christian sein erstes Enkelkind gleich vom Arm nahm und sie mit seinem Bart kitzelte. Hermine gluckste. Sie kannte das nicht. Karl trug keinen Bart.
Dem äußeren Anschein nach hatte sich in Eimelrod wenig verändert. Malerisch lag das Dorf eingebettet in die hügelige Landschaft, der Wald hatte sein Herbstkleid bereits angelegt

– früher als in Essen –, die Ernte war zur besten Zufriedenheit des Vaters ausgefallen. Im Haus lebten jetzt nur noch er, Johannette und Linas Halbbrüder Karl und Walter. Dadurch ging es merklich weniger beengt zu. Der Tagesablauf war unverändert, ganz so, wie sie ihn als Kind kennengelernt hatte.

Die Veränderungen, die Lina spürte, betrafen die Stimmung im Dorf. Karl und Walter waren jetzt beim deutschen Jungvolk und nahmen das sehr ernst. Sie hörte bei ihnen manche Parole, die sie aus der Zeitung kannte. Von Feindschaft war viel die Rede, von jüdischer Schuld. Ganz sicher, dass die Jungen alles verstanden, was sie von sich gaben, war Lina nicht.

Wovon sich ihre Halbbrüder überzeugt behaupteten, spiegelte sich im Gesinnungswandel der Dörfler wider. Großmäulig wurden Zitate der Politiker im Munde geführt. Deutlich waren die aufgekeimten Vorbehalte gegenüber den jüdischen Mitbürgern zu spüren. Als Lina noch in Eimelrod gelebt hatte, hatte man den Juden eher gleichgültig gegenübergestanden. Leuten, die sich still verhielten und ihrem Tagwerk genauso nachgingen, wie alle anderen. Auffällig nur insofern, als sie eigene Sitten, Gebräuche und Feiertage pflegten als die Mehrzahl im Dorf. Lina war nur in der Schule mit den jüdischen Kindern in Kontakt gekommen, denn an den Nachmittagen für evangelische Mädchen hatten sie natürlich nicht teilgenommen.

Mit dem zeitlichen Abstand, den sie besaß, fiel Lina die aufgestachelte Stimmung besonders auf. Es gärte unter der Oberfläche des Alltags. Natürlich hatte es schon immer Sticheleien gegenüber den Juden oder Verunglimpfungen

gegeben. Wie gegenüber allem und jedem, was auf irgendeine Art anders war, als die typischen Dörfler und ihre Sitten. Heute fielen hinter vorgehaltener Hand Bemerkungen, die den Boden des christlichen Glaubens aufs Ärgste schändeten. Hass- und Todesparolen, scharf und unerbittlich.
Die Beargwöhnten selbst huschten noch unauffälliger durchs Dorf als früher, sahen nicht von ihrem Weg auf, grüßten nicht. Gerade so, als wollten sie es den Mäusen nachmachen. Einige hatten Eimelrod bereits verlassen, wie Vater Cossen. Über seinen Verbleib wusste niemand etwas, aber es hieß, Frau und Töchter würden ihm nächstes Jahr nachfolgen. Niemand würde ihnen nachweinen.
Lina stieß manchmal bitter auf, wenn die Eimelroder unbedacht daher faselten, dass die Juden am Unglück des deutschen Volkes Schuld trügen. Sie sah keinen Zusammenhang zwischen diesen stillen Leuten im Dorf und dem, was die Propaganda behauptete, brachte die Bilder einfach nicht übereinander. Aber sie sagte nichts dazu. Vater Christian und Johannette im Übrigen auch nicht. Als Karl die Schwiegereltern direkt nach ihrer Meinung fragte, erhielt er keine klare Antwort. Lina bat ihn, die Politik aus seinen Unterhaltungen herauszuhalten, was er zähneknirschend akzeptierte. Sie versuchte, über diese Entwicklungen hinwegzusehen. Das war nicht der Zweck ihrer Reise. Wichtig war für sie das Wiedersehen mit der alten Heimat, das Schauen und Erinnern, das tiefe Einatmen bekannter Gerüche. Sie streifte mit Hermine durch die Dorfstraßen, hielt einen Plausch am Wegesrand, wenn ihr ein Bekannter über den Weg lief, berichtete stolz von ihrem Mann, korrigierte geduldig manche

Vorstellung, die sich die Landbevölkerung vom Leben in der Stadt machte.

Eines Tages begegnete sie auch Adolf Behle. „Sieh da, die Lina!", begrüßte er sie.

Unwillkürlich musste sie an manche Fahrt im Ochsenschlitten durch dichten Schnee denken. „Hallo Adolf. Gut siehst du aus!"

„Das darf man von dir auch sagen. Ist das deine Tochter?"

„Ja, das ist Hermine."

„Hast du es gut angetroffen in Essen?"

„Und ob!" Lina erzählte Adolf vom Anwesen in der Schuirer Straße, der Wirtschaft dort, der Schwiegermutter und von Karl.

„Das hört sich gut an."

„Ist es auch. Und bei dir?"

„Alles wie immer. Nichts zu klagen."

Adolf verabschiedete sich von ihr und ging weiter. Genau der stille, verschwiegene Kerl, der er immer gewesen war. Solche Männer waren allerdings in Essen seltener als hier im Dorf.

Schweren Herzens, doch gleichzeitig erleichtert, nicht bleiben zu müssen, verließ Lina Eimelrod wieder. Ihr Leben hatte seinen Mittelpunkt geändert. Voll und ganz.

Es ging aufwärts mit ihrer kleinen Familie. Was von Karls regelmäßigem Verdienst übrig blieb, wurde nicht ausschließlich auf die hohe Kante geschafft. Hin und wieder leisteten sie sich auch ein Vergnügen.

Am liebsten ging Lina ins Kino. Entweder in Haarzopf in den Saal der Gaststätte Tommeshof, wo fahrende Filmvorführer gelegentlich Filme zeigten, oder sie fuhren mit der Elektrischen in die Stadt, um das größte Kino Deutschlands, die Lichtburg, zu besuchen. Solche Unternehmungen waren Festtage!

Wilhelmine passte auf Hermine auf, Lina machte sich mit ihren bescheidenen Mitteln hübsch für Karl. Sie stiefelten los zur Haltestelle der Elektrischen an der Humboldtstraße. Von dort ging es ins Zentrum. Nach kurzem Fußweg erreichten sie den Kinopalast mit seinen zweitausend Plätzen. In dichten Trauben standen die Menschen an der Kasse an. Nachdem Karl die Billetts gelöst hatte, gingen sie in den riesigen Saal mit der hinter einem roten Samtvorhang verborgenen Leinwand. Eine Platzanweiserin zeigte ihnen, wo sie sitzen sollten.

Mittlerweile waren Tonfilme üblich und sogar Farbe kehrte in die Filmwelt ein. Sobald der Vorhang zur Seite gerollt wurde, versank Lina in der Vorstellung. Am liebsten sah sie Filme fürs Herz, solche wie „Königswalzer“ mit dem schneidigen Curd Jürgens als Offizier. Jahre später sollte sie ein anderer Film tief beeindrucken: „Der Berg ruft“ von Luis Trenker. Das lag weniger an der Handlung, den dramatischen Ereignissen bei der Erstbesteigung des Matterhorns, sondern eher an den grandiosen Bildern.

Einmal in die Alpen reisen und dieser Bergwelt gegenüberstehen: Das wäre ein Traum! Ob sie ihn sich zusammen mit Karl irgendwann erfüllen könnte?

Außer gelegentlichen Kinobesuchen unterbrachen Familienfeiern den Alltag, neben den zahlreichen Geburtstagen vor allem Taufen, Konfirmationen und natürlich Hochzeiten. Beide besaßen sie eine weit verzweigte Verwandtschaft, da wurde häufig irgendwo geheiratet. Der gesellige Karl versuchte, überall mit dabei zu sein. Ansonsten gönnte er sich als persönliches Vergnügen nur, weiterhin im Männergesangverein „Germania" zu singen. Natürlich unter Teilnahme an dem nach den Proben üblichen Ausklang mit Bier und Schnaps. Über fünfzig Tenöre und Bässe aus Haarzopf und der näheren Umgebung sangen im Chor mit, für den beschaulichen Stadtteil eine beachtliche Zahl.

Bei manchen Ausflügen des Chors waren auch deren Familien eingeladen. Das war jedes Mal ein Erzählen und Durcheinander von Stimmen! Die Kinder liefen um die Erwachsenen herum und spielten Fangen, die Frauen packten den neuesten Tratsch aus, die Männer lamentierten über Politik und zwitscherten sich einen. Lina war regelmäßig froh, wenn sie wieder in ihr ruhiges Heim zurückkehrte. Sie war keine Frau, die sofort mit jedem warm wurde. In der Masse der überwiegend Unbekannten tat sie sich schwer. Auch, weil man ihrer Sprache deutlich anhörte, dass sie von auswärts stammte. Das überwiegend gesprochene Mölmsch Platt verstand sie mittlerweile recht gut, erlernte es selbst aber nicht.

Wohl fühlte sich Lina dagegen in Karls Familienkreis. Da war manch feierfreudiger Geselle dabei. Wenn sie in die Schuirer Straße einluden, fanden selten alle Gäste Platz im Haus. Dann wurden Speisen und Getränke auch draußen serviert, wo sich einige auf dem gemauerten Rand des Pütts[23] niederließen, und wenn das nicht reichte, weitere

[23] Brunnen

Sitzgelegenheiten herangeschafft wurden. Diese ausgelassene Mannschaft zu bewirten, hieß jedes Mal Zusatzarbeit. Lina tat sie gern. Mit Ausnahme von Bruder Wilhelm und den Külkers waren ihre eigenen Lieben zu weit entfernt, um bei jeder Gelegenheit anzureisen. Das passierte höchstens zu Ostern, Weihnachten oder bei runden Geburtstagen. Umso mehr genoss sie die Aufnahme in den Verwandtenkreis auf Karls Seite.

Dieserart schlug ihr Pendel weiter, Jahr für Jahr. Lina verbrachte eine glückliche Zeit mit Karl und Hermine. Sie besaßen alles, was es zum Leben brauchte, verfügten über ein gesichertes Auskommen. Nur mit weiteren Kindern wollte es nicht klappen – ein kleiner Wermutstropfen. Gerne hätte Lina eine große Familie gehabt. Aber die sah der liebe Gott wohl nicht für sie vor.

Die politische Propaganda, verbreitet in Wochenschauen und Zeitungen – wer schon eines besaß, im Radio –, wurde immer schärfer. Ein Attentat, im November 1938 in Paris von einem Juden verübt, ließ die Hasswelle in den politischen Kanälen überschwappen. Wenige Tage später brannte die Synagoge in Essen. Jüdische Geschäfte wurden zerstört und geplündert.

Ratlos verfolgte Lina das Geschehen. Ebenso ratlos schrieb sie davon in einem Brief an den Vater. Seiner Antwort entnahm sie, dass sogar in Eimelrod, einem Dorf mit nicht einmal fünfhundert Einwohnern, in dem jeder jeden kannte, das jüdische Gebetshaus niedergebrannt worden war.

Sie sah ihre Halbbrüder vor sich, Kinder noch. Wie mochte dieses Ereignis auf sie gewirkt haben? Nein, das nahm keinen guten Weg!
Seufzend legte Lina den Brief aus Eimelrod auf die Seite und schälte weiter Kartoffeln.

Im nächsten Jahr zu Ostern kam Hermine in die Schule. Lina musste an ihren eigenen ersten Schultag zurückdenken. Sie wusste, dass Hermine eine gute Schülerin werden würde, denn wenn ihr die Schüchternheit nicht im Weg stand, war sie ein aufgewecktes Kind. Lina hatte ihr bereits einige Handgriffe im Haushalt beigebracht, wie Tisch decken und Abtrocknen. Ihre Erziehung war von der gleichen Strenge geprägt, wie die von Vater Christian ihr gegenüber. Sie nahm ihr eigenes Aufwachsen als Vorbild für das der nächsten Generation.
Karl ging das manchmal zu weit. „Lass die Kleine doch", oder „Hermine weiß es noch nicht besser", nahm er seine Tochter häufiger in Schutz. Doch Lina blieb bei ihrer Art der Erziehung. So war sie aufgewachsen und es hatte ihr nicht geschadet.
Im Sommer brachte Karl einen Volksempfänger ins Haus. Bei Nachbarn hatten die Frauen ein solches Wunderding schon gesehen. Nun zog es bei ihnen in der Küche ein. Hatten sie bisher nur aus der Zeitung und selten bei Wochenschauen von aktuellen Ereignissen erfahren, hörten sie nun täglich, was in Deutschland geschah und wie sich seine Lenker die Zukunft vorstellten.

Viel lieber als Wortbeiträgen lauschten Lina und Wilhelmine Musiksendungen. Andächtig saßen sie abends auf dem Küchensofa und summten leise die Melodien von aktuellen Schlagern mit, oder horchten auf große Orchester. Wilhelmine wunderte sich immer wieder, wie so viele Musiker in ein solch kleines Kästchen hineinpassten. Mit der Zeit schalteten die Frauen das Radio immer häufiger ein.
Der Volksempfänger brachte ihnen die Nachricht, die alle lange befürchtet hatten. Sie waren gerade dabei, Stangenbohnen einzuwecken. Am 1. September 1939 gegen 10 Uhr wurde der Führer angekündigt. In einer kurzen Rede sprach er die entscheidenden Sätze, die den Zweiten Weltkrieg einläuteten: "Seit 5:45 Uhr wird jetzt zurückgeschossen! Und von jetzt ab wird Bombe mit Bombe vergolten!"
Unwillkürlich musste Lina an ihre Brüder denken. Wilhelm, Heinrich, Fritz – sie waren im wehrfähigen Alter. Nach und nach würden sie zum Barras einberufen. Ein Trost nur, dass Karl wegen seiner offenen Beine wehruntauglich war. Er durfte zu Hause bleiben. Dafür würde er zwar von allen Seiten schief angesehen, doch das war ihr egal. Was Krieg bedeutete, wusste Lina von ihrem Vater. Nur knapp war er vor Verdun dem Tod entronnen. Nun würden ihre Brüder diejenigen sein, die ins Feld zogen, um ihr Leben kämpften. Den Frauen blieb nur, sie in den Krieg zu verabschieden, auf Post von der Front zu hoffen, und sie mit ihren Gebeten zu begleiten.
Wer hatte es wohl schwerer?
Ähnliche Gedanken schienen Wilhelmine im Kopf herum zu spuken. „Meinen Ferdinand hat der Kaiser gefressen. Ein Name drüben auf dem Ehrenmal, ein paar Fotografien –

mehr ist mir nicht von ihm geblieben. Jetzt ist Ernst an der Reihe. Und alle meine Enkel im passenden Alter. Warum werden die Mächtigen nie vernünftig?"

Dies war eines der wenigen Male, dass Lina die Schwiegermutter über politische Ereignisse reden hörte. In eigene Gedanken vertieft, schnibbelte sie weiter an den Bohnen herum.

Als Karl nach Hause kam, fiel ihm Lina schluchzend um den Hals. „Es wird schon nicht so schlimm werden", versuchte ihr Mann sie zu trösten. „Ich bleibe ja bei dir."

„Ja, wenigstens das. Dich kann der Krieg nicht holen!"

Sie küsste ihn flüchtig. Und wusste noch nicht, wie sehr sie sich irrte.

Der Besuch

Zwei Stunden später gab der Ofen endlich etwas Wärme ab. Es wurde behaglich in Marthas Küche.

Am Nachmittag wollten die beiden Schwestern zusammen Kaffee trinken, und dazu die Hefeteilchen von Ziegler essen.

„Kochst du Wasser? Ich mahle die Bohnen", teilte Martha die Aufgaben ein.

„Aber nicht die Bohnen zählen!", ermahnte sie Lydia vorsichtshalber.

Später bissen sie genüsslich in die Teilchen und brummten zufrieden.

„Wir haben es richtig gut", meinte Martha.

„Wenn du nur nicht wieder die Bohnen gezählt hättest", stichelte Lydia.

„Habe ich nicht!"

Einen Moment herrschte Stille in der Küche. Sie nippten an ihren Tassen und kauten.

„Was gucken wir denn heute?", fragte Martha, die wusste, dass Lydia das Fernsehprogramm auswendig kannte.

„Heute gibt es Krimi oder Schoff[24]. Mit Krimi kannst du mich jagen!" Die ganze Ballerei war nicht die richtige Fernsehkost für Lydia. Wie fand jemand Gefallen daran, dass Menschen umgebracht wurden? Für sie blieb das ein Rätsel. Auch wenn die Täter am Ende immer hinter Schloss und Riegel kamen. Anders als im Krieg. Da hatte es auch Mord und Totschlag gegeben. Niemand war zur Rechenschaft

---

[24] Show

gezogen worden, nur ein paar Politiker. Davon hatte sie und bestimmt auch Martha die Nase gründlich voll. Was das junge Volk an Krimis begeisterte, würde sie nie verstehen. Hätten sie den Krieg mitgemacht, dächten sie bestimmt anders darüber.

„Bevor ich zu dir gekommen bin, war ich noch bei meinem Emil."

„Aha", presste Martha mit vollem Mund hervor.

„Wie ich da so vor seinem Grab stand, habe ich gedacht: Was hat dein Emil doch immer gut für dich gesorgt."

„Aha."

„Bedankt habe ich mich bei ihm, dass er mir so eine schöne Rente hinterlassen hat."

Martha schniefte, sagte aber nichts.

„Übrigens habe ich neulich den Bernhard getroffen. Den mit dem einen Bein."

„Wie lang mot dä noo sinne Dubbelde noo Krupp draage?"[25]

„Ein paar Jahre wird er wohl noch haben."

„Obwohl ihm ein Bein fehlt?"

„Da nehmen die doch keine Rücksicht drauf. Immerhin hat ihn die Verletzung aus dem Krieg gebracht."

Martha nickte versonnen in sich hinein. „Unsere hat uns der Krieg ja auch nicht genommen. Trotzdem sind wir übrig geblieben. Dass wir so viel länger als unsere Männer durchhalten!"

„Überall Witwen, kaum Witwer. Auch die Lina musste ihren Karl so früh beerdigen."

---

[25] Wie lange muss der noch seine Butterbrote nach Krupp tragen. Meint: Wie lange muss er noch arbeiten gehen.

„Dabei war er nicht mal an der Front. Wie meine Jungs.“
„Und trotzdem. Wem die Stunde schlägt, dem schlägt sie. Nur der Herrgott weiß, wann …“

Der Krieg beginnt

Das Leben in der Schuirer Straße nahm ungeachtet der politischen Großwetterlage seinen gewohnten Gang. Trotzdem wurde es ernster, lastete das Wissen um den in der Ferne tobenden Krieg auf den Bewohnern. Noch waren im direkten Umfeld keine Auswirkungen davon zu spüren.

Die Nachbarn schwankten zwischen stiller Beobachtung, Skepsis und Begeisterung. Offen die eigene Meinung auszusprechen, wagte nach sechs Jahren Naziherrschaft ohnehin niemand mehr. Lina selbst zählte eher zu den Beobachtern. Viele derjenigen, mit denen sie ein paar Worte sprach, kamen ihr zu euphorisch vor, was den Krieg anging. Auch von Bestätigungen dieser Jubelnden durch militärische Erfolge ließ sie sich nicht auf ihre Seite locken. „Wir werden es den Franzosen schon zeigen!“, hieß es etwa, und im Sommer 1940 schien das, was sich darin ausdrückte, eingetroffen zu sein.

„Endlich erhält Deutschland den Platz in der Welt, der ihm zusteht!“

„Das ist die Rache für die im letzten Krieg erlittene Schmach!“

Was sollten solche Sprüche?

Lina stand ihnen jedes Mal ratlos gegenüber. Auch wenn es gut lief an der Front, riskierten dort immerhin junge Männer ihre Gesundheit, wenn nicht mehr.

Warum musste das sein? Was nahm ihr, Lina, der Krieg an Arbeit ab? Was brachte er ihr und Karl ein, was Wilhelmine, was Hermine, was ihrer Familie in Eimelrod?

Die Töne, die aus dem Volksempfänger plärrten, klangen nach begeisterter Zuversicht. Eine Siegesmeldung jagte die nächste. Lina staunte, wozu die Armee anscheinend fähig war. Halb Europa eroberte sie, ohne dass ihr irgendwo Einhalt geboten wurde.
„Unsere Jungs", riefen die Euphorisierten stolz. „Hoffentlich geht das gut", flüsterten die Skeptiker hinter vorgehaltener Hand.
War Deutschland wirklich so stark, sich gegen jedes andere Land durchzusetzen?
Marthas und Fritz' Söhne wurden nach und nach eingezogen. Karls Bruder Ernst ebenso. Auch Linas Brüder, Wilhelm, Heinrich und Fritz, wurden über die Zeit rekrutiert. Solange sie noch nicht kämpften, gefiel ihnen das Soldatenleben sogar ganz gut. Endlich raus aus der Enge des Elternhauses. Dann wurden sie einem Einsatz zugeführt und Lina und Karl fieberten mit, wenn Feldpost eintraf. Die wenigen Zeilen, die ihre Brüder hinkritzelten, ließen hoffen. Gemäß diesen Nachrichten trafen ihre Einheiten auf wenig Widerstand. Die Versorgungslage war offensichtlich gut. Es schien nicht allzu schlimm zuzugehen an der Front. Oder die frisch gebackenen Soldaten verheimlichten den Leuten daheim, wie es wirklich stand, weil sie Angst davor hatten, ihre Briefe würden durch die Zensur fallen.
Linas Zweifel an diesem optimistisch gemalten Bild erhielten jedes Mal neue Nahrung, wenn Verwundete heimkehrten. Noch waren sie an den Fingern einer Hand abzuzählen. Trotzdem erzählten ihre Blessuren von einer anderen Seite des Krieges. Diese Männer waren Beispiel genug für die Grausamkeit der Schlachten, klagten das Kriegsgeheul von

Hitler, Goebbels und all den anderen Politikern an. Der Anblick der Verwundeten passte so gar nicht zu den mit heroischer Musik untermalten Meldungen in den Wochenschauen, den Reden im Radio. Und doch waren ihre Familien froh, dass sie ihre Söhne und Ehemänner zurückerhielten. Lädiert, aber lebend. Wenigstens so lange, bis ihre Wunden verheilt waren.

Als Lina die ersten Kriegsversehrten in Haarzopf sah, musste sie unwillkürlich an manche Männer in Eimelrod denken, die im letzten Krieg gekämpft hatten. Bis zur ersten Todesnachricht war es nur eine Frage der Zeit. Die Schreie einer Nachbarin, deren Sohn gefallen war, hatten quer durch das Dorf gegellt, als sie Mitteilung darüber erhielt. Hinausgeschrien von einer fassungslosen, gequälten Mutter. Die Unbelehrbaren skandierten unbeirrt ihre Siegesphantasien. Karl, der in der Fabrik mehr Leute traf als sie in ihrer Abgeschiedenheit, kam oft wütend nach Hause zurück. „Die begreifen nichts, diese Nazis. Als ob es im Krieg nur aufwärts ginge. Wer soll diese ganzen Länder, die wir uns einverleiben, kontrollieren? Das will mir nicht in den Kopf. Da gibt es doch irgendwo eine Grenze!"

Lina mochte es nicht, wenn ihr Mann so vom Leder zog. Insgeheim gab sie ihm Recht. Waren sie allein, hatte sie nichts dagegen, wenn er solche Reden schwang. Schon wenn Martha oder Fritz mithörten, war ihr unwohl dabei. Ob er sich in der Firma zurückhalten konnte?

Nicht auszudenken, wenn sie Karl einsperren würden. Allein würde sie mit dem Haus und allem Drumherum niemals fertig.

Trafen Briefe vom Vater aus Eimelrod ein, öffnete Lina die Post mit zittrigen Händen, darauf gefasst, schlechte Nachrichten von ihren Brüdern zu erhalten. Sie bemühte sich, trotz der vielen Arbeit regelmäßig zurückzuschreiben. Es war wichtig, in Kontakt zu bleiben. Jederzeit musste man darauf gefasst sein, dass böse Neuigkeiten ins Haus getragen wurden. Die Sorge um all diese jungen Männer füllte manch düstere Stunde.

Familienfeiern wurden in diesen Zeiten seltener. Wurde Hochzeit gehalten, heirateten die Männer in Soldatenuniform. Lina bedauerte ihre Bräute, stand die Uniform doch dafür, dass ihre Liebsten bald wieder in den Krieg ziehen würden. Außer Alten und Kranken, oder Männern mit wichtigen Posten für Verwaltung und Versorgung, würden bald alle Tauglichen ins Feld gezogen sein. Direkt auffällig, schien die Bevölkerung nur noch aus Frauen, Kindern und Greisen zu bestehen. Die Lasten des Alltags blieben allein an ihnen hängen. Weder schützte sie jemand, noch nahm jemand ihnen schwere Lasten ab. Da halfen auch die heroischen Worte aus dem Volksempfänger nicht, die Loblieder auf die deutsche Frau.

Gelegentlich sprang Karl ein, wo ein Mann benötigt wurde. Unter Nachbarn half man sich – das war die Einstellung ihres Jungen. Längst nicht alle hielten sich daran.

Lina fand Karls Hilfsbereitschaft im Grunde richtig. Ungeachtet dessen verzichtete sie nur ungern auf ihre Stütze. Immerhin hatte auch sie eine Landwirtschaft zu versorgen. Manche Arbeit war schwer und erforderte einen starken Arm. Sie beklagte sich jedoch nie darüber. Es war ein rechtes Glück, dass Karl wegen seinen kranken Beinen nicht eingezogen wurde. Mochte er auch immer wieder darunter leiden, wodurch er nach der Schicht bei Krupp zu nichts mehr fähig war – ihr schien sein Los besser als das anderer Männer in seinem Alter zu sein, die ihr Blut für Volk und Führer opferten.

An einem Abend im Mai 1940 heulten plötzlich die Sirenen auf. Sie gaben das Signal für Fliegeralarm. Karl scheuchte alle Bewohner des Hauses in den Keller. Ängstlich warteten sie, was nun geschehen würde. Minuten später hörten sie von Ferne dumpfes Grollen.

„Da explodieren Bomben“, erklärte ihnen Karl.

Ließen sie den Feind tatsächlich auf deutsches Territorium? Das widersprach den euphorischen Meldungen im Volksempfänger total. Lina hätte es bisher nie für möglich gehalten. „Werden sie auch über uns hinwegfegen?“, fragte sie ängstlich in den düsteren Keller hinein.

Karl wiegte den Kopf. „Das sind die Engländer. Sie greifen wahrscheinlich die Krupp-Werke an. Uns hat man im Betrieb schon über diese Gefahr unterrichtet.“

Die Krupp-Werke lagen nicht weit von der Schuirer Straße entfernt, die nächstgelegene Produktionsstätte gute fünf Kilometer.

„Und du sagst nichts?“, beklagte sich Lina.

„Ich wollte euch nicht beängstigen. Die wollen nichts von uns. Die wollen nur die Rüstungsindustrie vernichten.“

„Arbeiten denn da noch Menschen um diese Zeit?“

„Viele arbeiten im Schichtbetrieb. Schon möglich.“

„Aber die können den Leuten doch keine Bomben auf den Kopf schmeißen“, empörte sich Lina.

„Was meinst du denn, was wir anderswo machen? Es ist Krieg – vergiss das nicht.“

Eine neue Sorge hielt in Linas Leben Einzug: Würden die Bomber ihre tödliche Fracht auch abwerfen, wenn Karl zur Arbeit fort war?

Irgendwann hörte das Grollen auf, die Sirenen gaben das Entwarnungs-Signal. Verunsichert kletterte die kleine Schicksalsgemeinschaft wieder nach oben.

„Es wird Zeit, dass sie den Stollen fertigstellen“, meinte Martha.

Tatsächlich sollte für die Bewohner der Schuirer Straße ein Zufluchtsort geschaffen werden. Ganz in der Nachbarschaft. Einfach gerade über den Feldweg vor dem Haus. Dort wäre es bestimmt weniger gefährlich, als in ihrem Keller.

Lina hasste die Engländer für ihre Bomben. Wie niederträchtig musste ein Volk sein, das wehrlose Menschen derart tyrannisierte! Sie gönnte diesem Feind nichts Gutes, fällte in ihren Briefen an die Soldaten der Familie vernichtende Urteile über ihn. Hoffentlich würden sie bald besiegt und Vergeltung an ihnen geübt.

Dort, wo Männer in der Landwirtschaft oder der Produktion fehlten, wurden irgendwann Kriegsgefangene eingesetzt. Der eine oder andere arbeitete sogar hier auf den umliegenden Feldern. Zuerst viele Franzosen, die Lina als freundliche Menschen kennenlernte. Sie freute sich mit ihnen, wenn sie zurück in ihre Heimat gehen durften, um dort in den Familienbetrieben mitzuhelfen. Aus eigener Anschauung wusste sie, was es hieß, wenn eine Arbeitskraft ausfiel. Die Eltern der jungen Männer würden sich glücklich schätzen, wenn sie Unterstützung erhielten.

Die Franzosen wurden immer häufiger durch Zwangsarbeiter anderer Nationen oder Häftlinge abgelöst. Lina begegnete einer ersten Gruppe dieser zerlumpten, ausgemergelten Gestalten, als sie einer Bäuerin etwas Schweineschmalz abkaufte, um daraus eine Salbe für Karls Beine zuzubereiten. Andere Medizin stand nicht zur Verfügung. Ihr taten diese Männer leid. Auch auf sie wartete irgendwo eine Familie, eine Frau, Kinder, eine Mutter, ein Vater. Sie war von ihrem Dienst in Adorf wenigstens in ein Heim zurückgekehrt nach dem Tagwerk, hatte genug zu essen gehabt und im Winter warme Kleidung. Den Zwangsarbeitern schien es sogar am Nötigsten zu fehlen.

Der Ton, der diesen bedauernswerten Tröpfen gegenüber herrschte, war nicht überall gleich. Es gab Bauern, die die Zwangsarbeiter durchaus menschlich behandelten, ihre Anweisungen als Bitte formulierten, ihnen Pausen verschafften. Andere nutzten sie unerbittlich aus, schlimmer als ihre Gäule, auf deren Gesunderhaltung sie angewiesen waren. Fiel einer ihrer Arbeiter um vor Anstrengung, wurde einfach Nachschub geordert. Davon gab es genug.

Bestien waren das!

Auch in unmittelbarer Nachbarschaft zu ihnen lebte ein Mann, der es auf die Zwangsarbeiter abgesehen zu haben schien. Dieser Kerl war einer derjenigen, die besonders abfällig über „Judensäue“ und „Polackenbrut“ sprachen.

Mastow hieß er, selbst ein Zugezogener aus Brandenburg. Häufig ging er mit Karl zusammen zur Arbeit. Er war einer dieser Menschen, bei denen man vermied, ihnen direkt in die Augen zu sehen. Sie sprühten Gift, wie Wilhelmine es ausdrückte. Lina fand Mastow durch und durch unsympathisch. Man munkelte, dass er seine Kinder und seine Frau verdrosch. Von außen mischte sich niemand in solche Verhältnisse ein, obwohl alle davon wussten.

Ihrem Mann war Mastows Gesellschaft nicht recht, doch er hatte Angst, den Nachbarn zu schneiden. Er war eng mit der Partei verbandelt, besaß Einfluss in seinen Kreisen. In seiner Gegenwart konnte man nicht genug aufpassen, was man sagte. Mastow war bekannt dafür, schon bei Kleinigkeiten zum Denunzianten zu werden.

An einem der Kriegstage kam Karl bedrückt von der Arbeit nach Hause. Lina spürte, dass etwas vorgefallen war.

„Warum siehst du so bitter aus, mein Junge?“

„Wir haben jetzt Zwangsarbeiter im Werk. Du solltest sie sehen. Ausgezehrt und kaum einen vernünftigen Fetzen Kleidung am Leib. Manche sind noch Kinder. Auch Frauen sind darunter.“

„Darum bist du so niedergeschlagen? Solche arbeiten doch auch bei den Bauern ringsum.“

„Es ist nicht nur ihr bedauernswerter Zustand. Du solltest mal den Mastow sehen, wie der mit ihnen umspringt. Ich schäme mich, ihn zum Nachbarn zu haben.“

„Hat er den armen Kreaturen was getan?“

„Es vergeht kein Tag, an dem er sich nicht irgendeine Boshaftigkeit ausdenkt. Heute hat er einem der Männer den Napf umgetreten. Die kriegen sowieso nur dünne Suppe, in die mehr Augen hineinsehen als heraus. Kaum hatte sich der arme Wicht seine Schöpfkelle abgeholt und sich auf den nackten Boden gesetzt, um zu essen, ist Mastow zu ihm hin und hat lange Reden geschwungen. Er erfülle das Soll nicht, er arbeite schlampig, er sei ein Saboteur. Solche wie ihn sollte niemand durchfüttern. Dann hat er den Napf umgetreten. Der Zwangsarbeiter hat sich nicht gewehrt. Nun ja, die wissen, was ihnen blüht, wenn sie aufmüpfig sind. Das Schlimmste war aber Mastows Gesicht nach dieser Heldentat. Es hat geleuchtet vor Boshaftigkeit. Ein widerlicher Kerl. Am liebsten würde ich ihm nachts auflauern und ihn mit einem Prügel verdreschen."

„Das lässt du schön bleiben, Karl. Der Mastow ist ein Hundertprozentiger. Dick drin in der Partei. Sich mit dem anzulegen, bedeutet Ärger."

„Ich muss mich schwer zurückhalten. Leute wie der sind keine Menschen. Untiere sind das!"

Sie redeten darüber, was Karl für Möglichkeiten hätte, den Zwangsarbeitern im Werk zu helfen. Lina war nicht wohl bei diesem Gespräch, wusste sie doch um die Gefahren, die hilfsbereiten Menschen drohten. Es war streng untersagt, Zwangsarbeitern etwas zuzustecken. Das konnte böse Konsequenzen haben. Lina wagte aber nicht, Karl seine Hilfsbereitschaft auszureden, denn sie spürte, dass ihm etwas daran lag. Sie sprachen eine ganze Weile, ohne auf eine wirklich brauchbare Idee zu kommen. Viel gab es nicht, was Karl ohne das hohe Risiko einer Entdeckung unternehmen konnte.

Am nächsten Tag kam Karl heim und erläuterte Lina seinen Plan: „Wenn ich etwas zu essen mit ins Werk nehme und es unbeobachtet verstecke, kann mir nichts passieren. Steht ja nicht drauf auf einem Butterbrot, wer es mitgebracht hat. Ich habe da schon ein gut geeignetes Versteck im Auge. Eine lose Platte im Boden, unter der es einen Hohlraum gibt. Drum herum stehen Regale und Maschinen, so dass die Ecke nicht eingesehen werden kann. Außerdem treibt sich da selten jemand herum. Morgen nehme ich eine Knifte[26] mehr mit auf die Arbeit."

Lina wurde blass. „Lass dich bloß nicht erwischen!"

„Keine Bange. Mein Versteck ist sicher. Das kriegt niemand mit."

Wie angekündigt, nahm Karl ab jetzt immer etwas mehr zu essen mit, wenn er das Haus verließ. Manchmal erzählte er Lina freudig, wie sich ein Zwangsarbeiter über das Zubrot hergemacht hatte. Er war wirklich ein guter Mensch, ihr Junge. Aber war er auch vorsichtig genug?

---

26 Butterbrot

Angst und Leid

Der Krieg entwickelte einen schier unendlichen Appetit nach Soldaten. Jeder junge Mann, der tauglich war, wurde eingezogen. Ganz gleich, ob sie ihn aus der Schule holten oder aus der Lehre. Mit siebzehn Jahren hieß es zunächst Reichsarbeitsdienst, dann Wehrdienst. Danach ging es an eine der Fronten. Ihr Halbbruder Karl war mittlerweile nach Russland geschickt worden, Walter sollte ihm später folgen. Lina dachte an die beiden munteren Jungen zurück, die Kinder, die Johannette so gehätschelt hatte. Dass sie einmal erwachsen werden könnten, hatte man sich damals nicht vorstellen können. Wie bei allen Kindern nicht. Jetzt lag einer von ihnen in Russland im Schützengraben und schoss unter Lebensgefahr auf den Feind. Sie mochte sich dieses Bild nicht ausmalen.

Bevor er an die Front geschickt worden war, hatte sie ihr Halbbruder Karl in der Schuirer Straße besucht. Hermine war ihrem Onkel nicht von der Seite gewichen. Sie himmelte ihn nahezu an, den zehn Jahre älteren. Die beiden verabredeten, sich zu schreiben. Fleißig hielt Hermine ihr Versprechen und auch Karl kam ihm erstaunlich regelmäßig nach. Er hielt seine Briefe so, dass man erahnen konnte, wie es an der russischen Front stand, ließ aber Themen, die ein junges Mädchen wie Hermine beunruhigen konnten, geschickt aus seinen Schilderungen heraus. Was sagte es ihr schon, wenn er schrieb, sie würden auf den Russen eindreschen. Für das Kind war „der Russe“ ein Feind, eine Märchenfigur wie der böse Wolf, der sich am Ende dem Jäger, im übertragenen

Sinne dem guten deutschen Soldaten, ergeben musste. Rotkäppchen und ihre Großmutter wurden gerettet. So oder so ungefähr würde sich der Inhalt von Karls Briefen im Kopf des Kindes abspielen.

Lange Jahre hatte sich kein weiterer Nachwuchs bei Lina und Karl einstellen wollen. Beinahe hatte sie sich damit abgefunden.

Jetzt, in dieser immer bedrohlicher werdenden Zeit, wurde Lina wieder schwanger. Im Januar 1942 kam die zweite Tochter zur Welt, Julia. Hermine war nun schon so groß, dass sie die Mutter bei den täglichen Arbeiten und der Säuglingspflege unterstützen konnte. Lina forderte diese Hilfe mit einer gewissen Strenge ein, wie sie sie selbst als Kind erfahren hatte. Mädchen kamen diese Pflichten von Natur aus zu – das war ihre unreflektierte Überzeugung. Nie hinterfragte Lina, ob es Hermine zu viel werden könnte. Sie hielt sich an die Regeln, unter denen sie selbst aufgewachsen war.

Ab März 1942 wurde der Bombenterror richtig heftig. Verirrte Sprengkörper hatten bisher den einen oder anderen Krater auf ihrem Feld hinterlassen. Schlimm genug, dass sie danach den Acker wieder herrichten mussten. Nun begannen die Briten mit Flächenbombardements, die nicht mehr nur einzelne Objekte der Infrastruktur zum Ziel hatten, sondern ganze Städte in Schutt und Asche legen sollten. Opfer auf Seiten der Zivilbevölkerung wurden billigend in Kauf genommen. Gleich zu Beginn der Angriffe traf es Külkers. Sie wurden ausgebombt. Die beiden oberen Etagen

ihres Hauses bestanden nur noch aus Trümmern. Gehrings nahmen sie bei sich auf. „Wo soll das nur enden?“, fragte Tante ratlos, als sie zu einem der selten gewordenen Besuche in der Schuirer Straße auftauchte.
Wer besaß schon eine Antwort darauf?
Neben der täglichen Arbeit und dem Versorgen des Säuglings fand Lina kaum noch Ruhe. Sobald Fliegeralarm gegeben wurde, rannte sie mit Wilhelmine, Julia auf dem Arm und Hermine an der Hand, zum Stollen. Die Sirenen begleiteten sie auf dem Weg und trieben sie zur Eile an. Karl blieb bei den ersten dieser Angriffe noch im Haus. „Einer muss doch löschen, wenn wir einen Treffer abkriegen“, meinte er. Lina bekniete ihren Mann, ebenfalls Schutz im Stollen zu suchen.
„Den finde ich im Keller“, ließ er sich nicht beirren. So leichtsinnig konnte er sein, ihr Junge.
Nachdem die Eisentür zum Stollen hinter ihnen geschlossen wurde, saßen sie da, dicht gedrängt neben den Nachbarn, die Ohren auf das Geschehen draußen gerichtet. Regelmäßig zuckten die Schutzsuchenden bei der ersten Detonation zusammen, versuchten, die Entfernung abzuschätzen, sahen ängstlich zur Decke des Unterstands. Würde diese Bruchbude wirklich einen Treffer überstehen?
Es dauerte nicht lange und alle Kinder heulten. Die kleine Julia zuerst. Sie war nicht mehr zu beruhigen. Hermine bemühte sich tapfer, ihre Angst nicht zu zeigen. Ihre Augen sprachen eine andere Sprache. Wenn die Einschläge zu nah kamen und feiner Staub von der Decke des Stollens rieselte, der das funzelige Licht der einzigen Lampe im Raum mit wabernden Schwaden vernebelte, seufzten auch die

Erwachsenen auf. Die Angst war regelrecht zu riechen. Sie drang den Leuten aus allen Poren.

Die Situation verschärfte sich noch, als ganz in der Nähe ihres Hauses eine FlaK[27] aufgestellt wurde. Luftlinie einen Kilometer entfernt lag ein Fliegerhorst, den es zu verteidigen galt. Der Gefechtsstand sollte feindliche Flugzeuge abwehren, sie in gewissem Sinne aber auch von ihrem eigentlichen Ziel ablenken. Neben dem Bombenhagel mussten sie nun zusätzlich das Bellen des Geschützes ertragen. Und natürlich nahm der Feind dieses Ziel ins Visier. Die Einschläge um den Stollen herum und auf den Äckern wurden zahlreicher.

Immerhin erreichte Karl wegen der FlaK, dass in ihrem Haus ein Luftschutzkeller eingerichtet wurde. Er argumentierte gegenüber der zuständigen Behörde mit der erhöhten Gefahr für ihn und die unmittelbare Nachbarschaft. Sobald die Sirenen ertönten, war Spitz Petzi von nun an der Erste, der sich in Sicherheit brachte. Ihm folgte häufig Mastow, das Gesicht zu einer angstverzerrten Grimasse entstellt. Einmal wurde es Karl zu bunt mit ihm. „Frauen und Kinder zuerst“, blaffte er Mastow an.

„Lass mich durch. Du weißt, dass ich Verbindungen habe. Ich zeige dich an!“

Lina legte ihrem Jungen begütigend die Hand auf den ausgestreckten Unterarm, der Mastow den Weg versperrte. Zähneknirschend ließ Karl den verhassten Nachbarn passieren. Später bemerkte er Lina gegenüber: „Die mit der größten Fresse haben den dicksten Kötel in der Buchse!“ Trotz der ernsten Lage musste sie darüber schmunzeln.

---

[27] Flugabwehr-Kanone

Karls Aufgabe als Hausherr war es, die Flüchtenden abzuzählen. Wenn alle wie erwartet eingetroffen waren, ging er als Letzter in den Keller hinab und schloss die Luftschutztür. Dass diese Einrichtung besser schützte, als der Stollen, glaubte Lina nicht. Sie bot nur den Vorteil, dass nun auch Karl bereit war, sich in Sicherheit zu bringen, denn im Falle eines Treffers war er schneller vor Ort, um ein Abbrennen des Hauses zu verhindern.

Die Bombenangriffe wurden immer heftiger.

„Wer schützt uns überhaupt noch?", fragte Lina Karl immer wieder, wohl wissend, dass auch er keine Antwort darauf haben konnte.

Der Feind ging dazu über, die Ziele für die Bombergeschwader durch eine Vorhut mit sogenannten Christbäumen markieren zu lassen. Die weithin sichtbaren Lichtzeichen standen am Himmel als Drohung dafür, was folgen würde.

Im März 1943 wurde ein besonders schwerer Angriff auf Essen geflogen. Der Gefechtslärm wollte überhaupt nicht mehr aufhören. Mittendrin hörten sie im Luftschutzkeller eine ohrenbetäubende Detonation, die das ganze Haus zum Erzittern brachte.

„Die haben uns getroffen!" schrie Karl und riss schon die Luftschutztür auf. Er stürmte die steile Treppe nach oben. „Es brennt!", rief er in den Keller hinunter.

Zwei Nachbarn fassten Mut und folgten Karl. Mastow war natürlich nicht dabei. Julia plärrte gegen die wegen der geöffneten Tür noch lauteren Explosionen an. Als es draußen endlich ruhiger wurde, ging Lina mit ihr und Hermine

nachsehen. Im Hof standen die Männer und löschten die letzten Flammen, die aus dem Dach des Stalls schlugen.
„Mach das nicht noch mal. Wie kannst du bei Fliegeralarm aus dem Luftschutzkeller rennen?", warf Lina Karl unter Schluchzen vor.
„Soll ich die Bude etwa abbrennen lassen?", entgegnete er schroff, wie sie ihn nicht kannte.
Erst jetzt merkte sie, wie angespannt er war. Im Grunde hatte er ja Recht.
Ratlos ging Lina mit den Kindern ins Haus.

Einen Monat später traf der Brief aus Eimelrod ein, vor dem sie sich lange gefürchtet hatte. Ihr Halbbruder Karl war bei Stalingrad gefallen, durch eine feindliche Kugel getroffen. Ein Telegramm von der Front hatten sie in Eimelrod erhalten. Nur wenige Worte. Vater Christian schrieb, dass Johannette in tiefe Trauer versunken und kaum noch ansprechbar sei. Doch, obwohl er allen Grund dazu gehabt hätte, beklagte er nicht den Krieg und seine Treiber. Hatte er Angst vor der Zensur oder gingen ihm solche Gedanken wirklich nicht im Kopf herum?
Am liebsten wäre sie auf der Stelle nach Eimelrod gefahren. Doch Lina war unabkömmlich. Niedergeschlagen legte sie den Brief aus der Hand. Dann durchzuckte sie ein neuer Gedanke: Wie sollte sie das Hermine beibringen? Vor zwei Monaten noch hatte ihr Karl geschrieben und sie hatte seitdem zwei Briefe an ihn abgeschickt.
An diesem Tag brachte sie es nicht fertig. Am folgenden auch nicht. Als Hermine am Nachmittag des nächsten

leichthin feststellte: „Karl hat lange nichts von sich hören lassen“, konnte Lina ihr den Tod des Onkels nicht länger verschweigen.
„Du musst jetzt ganz stark sein, Hermine“, versuchte sie einen holprigen Anfang.
Ihre Tochter sah sie nur mit großen Augen an.
Lina fasste sich. „Karl wird nie mehr schreiben. Er ist tot. Die Russen haben ihn erschossen.“
Im Hermines Gesicht stand Unglaube, die arglose Begriffsstutzigkeit einer Zehnjährigen.
„Wo ist Onkel Karl denn jetzt?“
„Das wissen wir nicht. Er wird dort begraben worden sein, hoffe ich.“
Tränen kullerten über Hermines gerötete Wangen. Ein Kind war sie noch und musste solch schwer zu verstehende Schocks verdauen. In diesem Moment hasste Lina Hitler so sehr, wie selten zuvor. Neulich hatte der Führer die Kruppschen Werke besucht. Karl war ihm dabei zufällig recht nahe gekommen. „Er hat Augen, wie ein Tier“, hatte er ihr über die Begegnung erzählt. Dass er eines war, verbat Lina sich zu denken. Einer Frau mit ihrer Herkunft standen solche Urteile über Staatenlenker nicht zu.
„Warum machen die Russen so etwas?“, schniefte Hermine.
„Weil die Deutschen sie angegriffen haben.“
„Onkel Karl doch nicht …“
Was sollte Lina darauf sagen?
Die Soldaten wurden in den Krieg geschickt. Natürlich griffen sie den Gegner an. Aber der einzelne Landser war doch nur auf Kommando dort in der Ferne, er hatte den Krieg

nicht angezettelt. Trug der Soldat Schuld in dem Moment, in dem er schoss? Unendlich schwer zu beantworten!
Und wenn sie es sich selbst schon nicht beantworten konnte, wie sollte sie es dem Kind erklären?
Sie sagte nichts mehr, nahm Hermine einfach in den Arm und weinte mit ihr. Irgendetwas war grundlegend falsch an diesem Krieg.
Wäre es besser, wenn Frauen die Geschicke der Menschheit lenkten? Mütter, wie sie?
Selten wagte sie sich gedanklich in dieses Terrain vor, die Rollen von Mann und Frau. Sie fühlte sich verunsichert. Lina wusste nur genau: Hätte sie zu entscheiden gehabt, wäre es nie zu diesem Krieg gekommen. So viel Elend, so viel Leid. Die Mächtigen mussten doch eine Vorstellung davon gehabt haben, was Krieg bedeutete.
Nein, sie hätte niemals dafür gestimmt!

Ein weiterer Bombenangriff zerstörte die Schule im Ortsteil so massiv, dass kein Unterricht mehr stattfinden konnte. Karl und Lina wurde der Vorschlag gemacht, Hermine in die Kinderlandverschickung zu geben. Durch die Evakuierung in entlegene Gebiete wollte man den Nachwuchs aus der Gefahrenzone der bombardierten Städte herausbringen. Natürlich wurden damit, jeglichem Einfluss der Eltern entzogen, auch ideologische Erziehungsziele verfolgt.
„Meine Tochter gebe ich nicht weg", war Linas Meinung zu diesem Vorschlag. Für sie war es unvorstellbar, ihr Kind irgendwo auf der deutschen Landkarte zu wissen, getrennt vom Elternhaus. Was die Kinderlandverschickung anging,

war sie mittlerweile zu argwöhnisch, um den Versprechungen irgendwelcher Offizieller zu vertrauen.
Karl schwankte. „Wenn ihr hier etwas geschieht bei den ganzen Bomben, machen wir uns Vorwürfe."
„Und wenn Hermine in der Fremde etwas geschieht? Hier können wir die Hand über sie halten, soweit es geht. Geben wir sie weg, haben andere das Sagen. Und wissen wir, welche Flausen die dem Kind in den Kopf setzen? Niemals wird sie in unserem Sinne erzogen werden, das ist doch klar!"
Karl kam auf einen anderen Gedanken. „Und wenn wir sie nach Eimelrod bringen?"
Sie sah ein, dass Hermine dort gut aufgehoben wäre. Wo Lina aufgewachsen war, gab es keine Ziele, die den Feind interessierten. In den Briefen ihres Vaters hatte sie bisher nichts von Bombenangriffen gelesen. Trotzdem war ihr nicht wohl bei der Vorstellung.
„Wir gehören zu dir, Karl. Wir müssen das als Familie durchstehen. Gerade in diesen schweren Zeiten kann ich nicht damit leben, dass wir uns trennen."
„Du könntest sie mit Julia begleiten."
„Wer macht dann die Feldarbeit?"
„Ich könnte Zwangsarbeiter anfordern. Bei uns hätten sie es besser, als anderswo. Also profitierten sie ebenfalls."
„Niemals! Ich will hier keine Ausländer herumlaufen haben. Wer weiß, was die uns für Seuchen anschleppen. Und sicher vor ihnen sollten wir uns auch nicht fühlen. Sie hassen die Deutschen, bedenke das! Außerdem möchte ich, dass unser Kind in Essen zur Welt kommt."
Ja, es stimmte: Sie war wieder schwanger.

Am Ende lenkte Karl ein. Sie würden Hermine nicht an der Kinderlandverschickung teilnehmen lassen. Stattdessen musste sie nun zur Schule an der Pierburg laufen, was eine Stunde Fußweg bedeutete. Lina war das nun einmal lieber so. Karl versuchte nie mehr, sie umzustimmen.
Im Oktober 1943 kam ihr drittes Mädchen, Katharina, zur Welt. Nun waren sie schon zu fünft. Fünf Leben, für die gesorgt werden musste, fünf Leben, um die Lina bangte.

So unerbittlich der Nazistaat seine Ideologien auf allen Ebenen durchdrückte, so unbarmherzig zeigte sich der Feind. Hatten sie im März 1943 noch geglaubt, es könne nicht heftiger werden, wurden sie von Bombenangriff zu Bombenangriff eines Besseren belehrt. Die Innenstadt von Essen bestand fast nur noch aus Trümmern.
Wenn sie im Keller ausharrten, hatte sich die kleine Julia angewöhnt, den Oberkörper in eine schaukelnde Bewegung zu versetzen und mit dem Köpfchen zu schlagen. Sie war durch niemanden zu beruhigen. Als sie langsam anfing zu sprechen, stammelte sie dazu ein Art Singsang: „Hemi, wolle wieder gehen. Hemi, wolle wieder gehen …“ Mit „Hemi“ war ihre große Schwester gemeint. „Hermine“ konnte sie noch nicht sagen.
Das Verhalten von Julia war für Lina schwerer zu ertragen, als alles andere. Beruhigungsversuche förderten es nur. Draußen die Bomben, auf ihrem Schoß das zutiefst verstörte Kind, dem das Vertrauen in die Mutter abhandengekommen zu sein schien. Wer gebot dem Feind endlich Einhalt?

Karl grübelte weiterhin darüber nach, wie er seine Familie schützen könnte. Eines Tages erneuerte er Lina gegenüber seinen Vorschlag: „Was hältst du davon, mit Mutter und den Kindern nach Eimelrod zu gehen? Bis das alles hier vorbei ist."

„Dazu habe ich dir schon einmal etwas gesagt. Wir gehören zu dir. Außerdem: Zwangsarbeiter will ich auf unserem Feld keine sehen. Das weißt du genau."

„Aber auf dem Feld wirst du deine Arbeitskraft sowieso nicht voll einsetzen können. Denk doch auch an die Kinder."

„Hermine kann mir helfen", antwortete sie trotzig.

„Noch fahren Züge. Ich habe mich erkundigt. Wer weiß, wie lange noch."

„Ich habe Nein gesagt!"

Ihre Einstellung hatte sich seit ihrer Diskussion um die Kinderlandverschickung nicht geändert. Karl mochte in sie eindringen, wie er wollte, er stimmte Lina nicht um.

Stattdessen wurde beschlossen, Wilhelmine in Sicherheit zu bringen. Tante und Onkel Wilhelm würden sie begleiten. Bei den Gehrings wurde es ihnen auf die Dauer arg eng. Lieber ein Zimmer auf einem Hof in Eimelrod mieten und dort den Krieg abwarten.

Eines Morgens lieh sich Karl ein Pferdefuhrwerk von einem Nachbarn und brachte seine mittlerweile dreiundachtzigjährige Mutter zum Bahnhof. Lina winkte ihnen vom Tor zur Straße hin nach. In Gedanken wünschte sie ihrer Schwiegermutter Glück.

Keine halbe Stunde zu Fuß entfernt von ihrem Anwesen, am Ende der Humboldtstraße, war zu Beginn des Krieges ein Lager für ausländische Arbeiter eingerichtet worden. Zunächst waren dort französische Zivilarbeiter untergebracht gewesen, später sowjetische Zwangsarbeiterinnen und italienische Militärinternierte. Einige davon arbeiteten bei Karl im Werk. Im August 1944 wurde ein Teil des Lagers abgetrennt, um Platz für etwa 500 jüdische Frauen und Mädchen zu schaffen, die in der Kruppschen Rüstungsindustrie eingesetzt werden sollten. Man munkelte im Stadtteil, dass dies ein Außenlager des KZ Buchenwald sei. Im selben Monat machte das Gerücht die Runde, dass Charlotte Zinke, eine Haarzopferin und ehemalige Reichstagsabgeordnete der KPD, deportiert worden sei.
„Jetzt suchen sie den Feind schon in den eigenen Reihen", meinte Karl dazu.
Stimmte das? War man nicht mehr sicher vor den eigenen Leuten?
Selbst die eingefleischtesten Nazis ließen mittlerweile leise Zweifel am Endsieg verlauten. Dies in der Öffentlichkeit auszusprechen, traute sich jedoch niemand. Noch verkroch sich das freie Denken in Deutschland unter einer flauschigen Decke, die alles schluckte, was hätte nach draußen dringen können.

Als es Anfang März 1945 hieß, der Amerikaner habe in Remagen den Rhein überquert, kam die Bedrohung irritierend nahe. In einer Zangenbewegung, die das Ruhrgebiet umschloss, stießen die Truppen auf Lippstadt zu, und kesselten damit das Ruhrgebiet ein. Die Zange schloss sich ebendort am 1. April 1945. Im Luftraum war die deutsche Hoheit lange verloren gegangen. Selbst Tiefflieger wagten sich auf feindliches Territorium vor.

An einem dieser Tage kam Hermine völlig aufgelöst aus der Schule zurück. Sie warf sich in Linas Arme und weinte bitterlich. Es dauerte geraume Zeit, bis sie unter Schluchzen berichten konnte, was ihr widerfahren war.

Auf dem Rückweg von der Schule war ein Flugzeug auf sie zugeflogen, nah über den Feldern. Hermine war stehengeblieben und hatte es zunächst fasziniert beobachtet. Sie hatte nicht recht gewusst, was das zu bedeuten hatte. Dann hatte die Maschine das Feuer eröffnet. Vor ihr waren Schüsse aufs Feld geprasselt, eine der Kugeln neben ihr in die Straße eingeschlagen. In Panik war das Kind in den Straßengraben gesprungen. Geistesgegenwärtig hatte Hermine Deckung in einer Betonröhre gesucht, in der ein kleines Rinnsal die Straße unterquerte. Dort hatte sie abgewartet, bis keine Motorengeräusche mehr zu hören gewesen waren. Erst dann hatte sie sich vorgetraut und war im Laufschritt mit pumpenden Lungen nach Hause gerannt. In den Armen der Mutter weinte sie nun ihren Schrecken aus.

Lina war entrüstet. Der Feind schoss auf wehrlose Kinder! So weit war es mittlerweile gekommen. Dieser ganze Hass, diese blinde Wut: Warum machten Menschen so etwas? Für das, was an Parolen aus dem Volksempfänger plärrte und Vorfälle wie diese, besaß sie nur eine Erklärung: Die Welt war verrückt geworden.

Der Vormarsch auf Essen wurde aus dem Norden geführt. Am 10. April 1945 gelangten amerikanische Truppen ins

Zentrum, am Tag darauf inhaftierten sie den amtierenden Oberbürgermeister Just Dillgardt und übernahmen die Stadt. Werden und Kettwig folgten am 15. April. Von der Schuirer Straße aus konnte man die Ketten der Panzer auf der Meisenburgstraße klirren hören.

Lina und Karl wussten nicht, ob sie wegen dieser Wendung erleichtert sein sollten oder ob mit neuen, noch ungeahnten Schwierigkeiten zu rechnen war. Wenigstens hörte der Bombenterror endlich auf. Es blieb ihnen nur, den Alltag so gewohnheitsgemäß wie möglich abzuspulen. Die alte Autorität duckte sich weg, die neue würde erst Tritt fassen müssen. Niemand sagte ihnen, was ab jetzt anders war – also änderten sie nichts.

Was auch? Sie folgten auf ihrem Anwesen den Gesetzen der Natur. Die scherte sich keinen Deut um verlorene Kriege.

Ein harter Schlag

Alle Ordnung war dahin. Dort, wo vorher die eiserne Hand des Regimes zugepackt hatte, entstand ein Vakuum, ein rechts- und anstandsloser Raum. Niemand wusste, an wen er sich wenden sollte, wenn ihm Unrecht geschah. Die Besatzer interessierte der Einzelne nicht. Es war schwierig genug, das Große und Ganze zusammenzuhalten.
Sang und klanglos verschwanden die Konterfeis des Führers von den Wänden. Schwägerin Martha vergrub ihres im Garten. Ehe sie Erde darauf schaufelte, schlug sie mit dem Spaten auf das Porträt ein. Glas splitterte. „Du hast uns belogen und betrogen! Deine große Schnauze hat uns verführt."
Als das Bild ganz mit Erde bedeckt war, klopfte Martha die Krume mit dem Spaten fest. Als ob Gefahr bestünde, Hitler käme wieder zum Vorschein, wenn man ihn nicht ordentlich begrub.
Die Nazis, die am lautesten geschrien hatten, verhielten sich plötzlich mucksmäuschenstill. Die klare Orientierung, die ihnen die Partei gegeben hatte, war in sich zusammengesunken. Was gestern noch richtig gewesen war, konnte einem heute den Kragen kosten. Mächtige, die man gestern noch auf den Heldenschild gehievt hatte, waren heute Staatsfeinde und man tat gut daran, seine Verehrung für sie zu leugnen. Die ärgsten Nazis verkrochen sich und mimten den Arglosen. Das auserwählte Volk der Deutschen wurde zu einem Volk von Bekenntnis-Lämmern. Wer sich nicht ganz herausreden konnte, weil sein Handeln Spuren in

Akten und Schriftstücken hinterlassen hatte, argumentierte seinen Beitrag klein: Das war ja nur auf Grund von Druck geschehen. Die Zeiten waren halt schwierig gewesen. Ohne Parteibuch wäre einem ja dieses oder jenes verboten worden. Hätte man seinem Beruf nicht nachgehen können. Wäre die Karriere im Sand verlaufen …

Mitglied in der Partei?

Das entsprach doch nicht den Überzeugungen, die man wirklich vertrat! Alles nur ein Missverständnis!

Lina fand solche Figuren einfach nur widerwärtig. Sie verachtete diese Zeitgenossen zutiefst. Jeder dieser angeblich Unschuldigen hatte einen kleinen Beitrag dazu geleistet, Deutschland ins Elend zu stürzen. Jetzt wollte niemand die Verantwortung dafür übernehmen. Wenn sie auch wenig Anteil an Politik nahm: Das kam ihr falsch und doppelzüngig vor. So sollten Menschen nicht gestrickt sein, die Charakter besaßen.

Die Zwangsarbeiter in den Lagern waren mit einem Mal wieder freie Menschen. Die Stadt war nicht in der Lage, sie zu ernähren. Marodierend zogen die Entlassenen durch die Straßen, voller Hass auf ihre ehemaligen Peiniger. Es kam zu Übergriffen. Lebensmittel wurden gestohlen, Wertgegenstände und Kleidung gewaltsam erpresst, Läden geplündert. Manch Deutscher bezog heftige Prügel. Frauen wurden vergewaltigt. Gerüchte von Morden machten die Runde. Niemand gebot dem Einhalt.

Schutzlos war das deutsche Volk plötzlich sich selbst überlassen. Ein Volk, das einst seine Herrschaft über die halbe Welt ausdehnen wollte. Viele fühlten sich nun bestätigt darin, was als Parolen über Ausländer, speziell Russen, in die

Welt gesetzt worden war. Gewalttätig war dieses Pack, hinterhältig, so die Meinung der Straße. Insgeheim dachte wohl mancher: Der Führer hat in allem Recht gehabt.

Am Abend des 30. April 1945 klopfte es in der Schuirer Straße an der Haustür. Als Lina nachsehen ging, stand ein zerlumpter Mann davor. Er radebrechte ein hartes Deutsch. Sie verstand, dass er nach jemandem oder etwas suchte. Karl war in der Küche geblieben. Es schien ihr besser, den Mann zu ihm zu bringen.

Karl bat den Besucher, sich zu setzen und fragte ihn geduldig nach seinem Begehr aus. Hermine musterte den Fremden neugierig. Julia und Katharina lagen schon im Bett.

„Hast du Hunger?", fragte Karl den Besucher.

Der Mann nickte.

„Was haben wir noch da, Lina?"

„Von heute Mittag ist noch ein Rest Bratkartoffeln da."

„Mach sie ihm doch bitte warm."

Während die Bratkartoffeln in der Pfanne schmorten, brachte Karl aus dem Besucher heraus, dass er ein ehemaliger polnischer Zwangsarbeiter war. Er war gezwungen, sich ohne jedwede Unterstützung in die Heimat durchschlagen.

Immer wieder fragte der Pole: „Du heißen?"

Karl nannte ihm mehrfach seinen Namen: „Maaßhoff".

Lina brachte die Bratkartoffeln auf den Tisch. Nie hatte sie einen Menschen das Essen gieriger herunterschlingen sehen. Ein wenig ekelten sie so schlechte Tischmanieren. Aber es war ja nur zu verständlich. Wie oft mochte dieser arme Tropf um sein Essen gekämpft haben, dass ihm andere wegnehmen wollten.

Als der Pole fertig gegessen hatte, fragte er Karl: „Du Mastoff … zeigen … Weg Lager?"

„Was meint er?", fragte Lina ratlos.

„Er will wohl zu seinen Landsleuten. Unten im Neulengrund habe ich neulich eine Gruppe Polen gesehen. Vielleicht meint er die."

„Ich werd' jedenfalls nicht schlau daraus. Dass du überhaupt etwas verstehst von dem, was er sagt!"

Karl wandte sich an den Besucher. „Komm mit zur Straße. Da zeige ich dir den Weg."

Der Pole nickte. Lina fiel auf, dass es kein dankbares Nicken war. Etwas Lauerndes lag darin, etwas Unheimliches, ja Aggressives. Obwohl sie den Polen gut aufgenommen und beköstigt hatten. Sie war froh, ihn loszuwerden.

Die beiden Männer gingen hinaus. Die Haustür klappte. Eine Minute verstrich. Wo blieb Karl nur? War er ein Stück des Weges mitgegangen?

Plötzlich hörte Lina einen lauten Knall. Sie wusste sofort, dass es ein Schuss gewesen war. Karl besaß keine Waffe. Der Pole würde doch wohl nicht …

Instinktiv ging sie nicht zur Tür auf der Straßenseite hinaus, um nachzusehen, sondern benutzte den hinteren Ausgang. Vorsichtig spähte sie um die Hausecke. In diesem Moment taumelte ihr Karl entgegen.

„Papa!", schrie Hermine auf. Unbemerkt war sie hinter ihrer Mutter hergeschlichen.

Lina erstarrte. Was war passiert?

Während sie noch unfähig war, sich zu rühren, rannte Hermine auf ihren Vater zu. Karl stürzte und riss seine Tochter mit zu Boden. Im dämmrigen Abendlicht sah Lina den großen blutroten Fleck auf seinem Pullover.

„Nein!“

Mit diesem einen Wort schrie sie alles hinaus, was ihr der Krieg aufgeladen hatte. Die ständige Angst um das Leben ihrer Verwandten, die Männer im Krieg, die Bombenangriffe, der Beschuss aus der Luft, dem Hermine knapp entkommen war. Und nun die kalte Angst um ihren Karl, ihren Jungen.

Lina schwankte zu ihm und Hermine hinüber – eher ein Reflex, denn ihr Kopf hatte die brutale Konsequenz dessen, was sich gerade auf ihrem Hof abspielte, noch nicht verarbeitet. Sie brachte es nicht fertig, neben dem Liegenden in die Knie zu gehen. Der Schock machte sie handlungsunfähig.

Karl wollte augenscheinlich noch etwas sagen. Seine Lippen zitterten, unfähig, ein Wort zu formulieren. Als sich ein feiner blutroter Faden aus seinem Mundwinkel Richtung Kinn bewegte, begriff Lina endlich. Sekunden später sackte Karls Kopf auf die Seite.

Ängstlich sah Hermine zu ihr auf. „Was ist mit Papa?“

„Der ist jetzt da, wo dein Onkel Karl ist“, hörte sie sich sagen. Mit einer fremden rauen Stimme, die nicht ihr gehörte. Dann fiel auch sie neben Karls Leiche auf die Knie und ließ ihren Tränen freien Lauf.

Neununddreißig Jahre war Lina alt. Sie war Mutter eines Schulkinds von zwölf Jahren, einer Tochter von drei und einer im Alter von anderthalb. Sie hatte eine kleine

Landwirtschaft mit vier preußischen Morgen Land, eine Kuh, ein Schwein, Hühner, einen Hund, zwei Katzen.
Und sie war Witwe. Ihr Junge lebte nicht mehr.

Den Abend des 30. April 1945 durchlebte Lina später ständig aufs Neue. Sie hörte den Schuss, sah Karl am Boden liegen, in einer Blutlache, die immer größer wurde, bis sich das Rot über den gesamten Hof erstreckte. In diesem Moment sagte sie sich, dass bei keinem Mensch so viel Blut in den Adern floss, bemerkte, dass sie träumte, schreckte aus dem Schlaf hoch. Dann umgab sie nur stille Dunkelheit. Und Lina begann genauso still zu weinen.
Martha und Fritz waren noch unterwegs gewesen. Sie hatte die Nachbarn vom nächstgelegenen Haus zu Hilfe geholt. Für einen Arzt gab es nichts mehr zu tun. Gemeinsam hatten sie Karls Leichnam in die Küche geschafft und auf den ausgezogenen Küchentisch gelegt. Hermine war nicht zu trösten gewesen. Wenn Lina nachts still weinte, dröhnte umso deutlicher das Schluchzen ihres Mädchens in ihren Ohren.
Lina hatte den Tod ihres Mannes bei keiner Behörde anzeigen können. Da war es wieder, das Vakuum, das dem Zusammenbruch des Deutschen Reiches gefolgt war. Was für eine Ironie, dass gleich am 1. Mai die Nachricht die Runde machte, Hitler habe sich selbst gerichtet. Am selben Tag wie Karl war der Mann gestorben, auf den das ganze Unglück in letzter Konsequenz zurückfiel.
Gleich am Tag nach Karls Tod hatte Lina nach Eimelrod geschrieben. Telegramme wurden nicht mehr angenommen

oder die Leitungen waren beschädigt. Wurde die Post überhaupt noch befördert?
Der Bestatter, befreundet mit Karl, hatte wenigstens dafür gesorgt, dass er einen anständigen Sarg bekam. Nicht so ein behelfsmäßiges Ding, wie es in diesen Tagen des Mangels üblich war. Aus den Eichenbohlen des Birkmannshofs, einem in Nähe des Friedhofs gelegenen, zerstörten Fachwerkhauses, wurde er in aller Eile gezimmert. Doch war es wirklich ein Trost, dass sie ihren Jungen nicht in einem Papiersarg bestatten musste?
Eine Antwort aus Eimelrod hatte Lina bis zum heutigen Tag der Beerdigung nicht erhalten. Es war auch niemand von dort angereist. Aus der alten Heimat kein Lebenszeichen, kein Wort des Trostes. Nur der eine oder andere aus Karls Verwandtschaft war zur Beerdigung gekommen, Nachbarn und Freunde waren da, die der Krieg nicht fortgespült hatte. Überwiegend Frauen.
Lina stand am offenen Grab, wusste nicht, wohin mit ihrer Trauer. An der rechten Hand hielt sie Hermine, auf dem linken Arm Katharina, die neugierig über ihre Schulter blickte. Ihre Älteste, in Tränen aufgelöst, hielt an der anderen Hand Julia, die kaum verstand, was hier vorging. Die Worte von Pfarrer Neuse fegten über Lina hinweg, flüchtig, im selben Moment, in dem sie gesprochen wurden, gleich wieder vergessen. Das Vater Unser betete sie nur in Gedanken mit. Dann trat sie vor, sah den Sarg am Boden der Grube stehen, begriff nicht, dass ihr Junge darin liegen sollte. Völlig neben sich stehend, ließ sie Hermine los, und warf dem Sarg mit der freigewordenen Hand eine Schaufel Erde nach. Sie schwankte kurz, weil ihr schwindelte. Dann

riss sie sich zusammen, machte Platz für die anderen Trauergäste und stellte sich seitlich auf, damit man ihr kondolieren konnte. Ganz so, wie vor einer halben Ewigkeit am Grab ihrer Mutter.
Hermine verbarg ihr Gesicht in Linas Mantel, Julia staunte die lange Reihe der vielen Menschen aus unverständigen Augen an. Katharina wurde das alles unheimlich und sie ließ ihr Kleinkindergeschrei hören. Ihre Jüngste hörte nicht auf damit, ehe der letzte der Abschied nehmenden ihrer Mutter die Hand gedrückt und sein Beileid ausgesprochen hatte. Erst, als Lina sie danach in den Kinderwagen setzte und ihn am Griff schaukelte, beruhigte sie sich etwas.

Tagelang herrschte eine bodenlose Leere in Lina. Gleichzeitig wusste sie, dass es so nicht weiterging.
Alle Pflichten ruhten nun auf ihren Schultern. Ihr wurde zusätzlich zur Verantwortung der Ehefrau und Mutter nun die Verantwortung eines Mannes aufgebürdet, eines Hausherrn. Das Kümmern um die Kinder, um Hausstand und Landwirtschaft – das waren eigentlich die ihr zukommenden Pflichten. So sah sie das und hatte sich immer klaglos hineinbegeben. Nun hieß es zusätzlich, das Familieneinkommen verdienen, Papierkram erledigen, sich mit Behörden auseinandersetzen. Die gesamte Last der Schuirer Straße, in all ihren Facetten, lag ab jetzt ungeteilt in ihrer Verantwortung.
Wie sollte sie das alles bewältigen, das Kind vom Lande, nach acht Jahren Dorfschule in die Welt ausgespuckt?

Häufig richtete sie in der ersten Zeit nach Karls Tod einen verstohlenen Blick auf Hermine. Kaum älter war Lina selbst gewesen, als ihre Mutter Henriette gestorben war. Seit ihre Kindheit damals einem jähen Schicksalsschlag zum Opfer gefallen war, hatte sie den Druck der fraulichen Pflichten gespürt. Hermine schien noch nichts davon zu ahnen, dass sie nun ebenso in die Pflicht genommen würde vom Leben. Wer sonst sollte Lina beistehen beim Bewältigen der ungezählten Aufgaben? Nur das Kind, das halbwüchsige Mädchen, würde sie unterstützen in allem, was von einer Hausfrau verlangt wurde.
Bloß eine Weitere noch würde ihnen zur Seite stehen: Wenn sie heimkehrte, die greise Schwiegermutter. Dabei war es längst nicht ausgemacht, wie sie auf den Tod ihres Sohnes reagierte. Würde Wilhelmine überhaupt die Kraft aufbringen, weiter ihre helfende Hand auszustrecken?

Die Leere, die sich ihrer bemächtigt hatte, besiegte Lina nach ein paar Tagen. In ihrem Kopf blieb jedoch ein taubes Gefühl zurück, eine Art Lähmung im Denken, das sie nicht so schnell loswurde.
Sie versuchte, dagegen anzukämpfen, wieder im Alltag Tritt zu fassen. Das Pendel zur Bemessung ihrer Zeit hätte sich dabei ruhig in einem anderen Rhythmus bewegen dürfen – dreizehn Tage Arbeit und erst dann einen Wimpernschlag ausruhen. Sonntage existierten quasi gar nicht mehr. Gerade halbwegs mit einer Ecke fertig, schrien aus einer anderen Ecke laut Dinge auf, die dringend erledigt werden wollten. Einerseits eine Ablenkung von ihrem Schmerz, andererseits

laugte die Belastung ihren Körper aus, dass sie sogar darauf angesprochen wurde. Dabei war niemand in diesen Tagen wohlgenährt und entspannt.

Frauen aus der Nachbarschaft boten Lina trotz ihrer eigenen Miseren Hilfe an. Sie war dankbar dafür, wenn sie die beiden Kleinen ab und zu abgeben konnte. Dann versuchte sie aufzuholen, was liegengeblieben war. Hermine spannte sie immer häufiger ein – es ging nicht anders.

An einem dieser Tage ging Lina zu einem Bauern, der ihr beim Kondolieren Saatkartoffeln versprochen hatte, eine späte Sorte. Sie nahm den Bollerwagen mit, um sie nach Hause zu transportieren. Bei einem kleinen Gebüsch entdeckte sie eine Gruppe Männer, die ein Feuer entzündet hatten. Offenbar ehemalige Kriegsgefangene. Sie ging nicht allzu nahe heran, um keine Aufmerksamkeit auf sich zu lenken. Die Furcht vor diesen Horden steckte ihr tief in den Knochen. Plötzlich erhob sich einer der Herumtreiber und sah kurz zu ihr herüber. Lina erschrak wie selten. Sie glaubte in diesem Mann Karls Mörder zu erkennen. Sie senkte den Kopf und entfernte sich mit raschen Schritten.

Die Gedanken schwirrten in ihrem Kopf wie windzerzauste Wolken. Was sollte sie tun? Den Mann anzeigen? Bei wem? Die Polizei war untergetaucht. Beweise hatte sie ohnehin keine. Ein Selbstjustiz-Kommando aus Nachbarn und Bekannten? Wen sollte sie darauf ansprechen? Wollte sie überhaupt jemanden mit hineinziehen?

Die großkotzigen, angeblich so mutigen Deutschen, die mit lauter Heldentaten prahlten, waren sang- und klanglos von der Bildfläche verschwunden. Keiner reckte seine Nase über die Grasnarbe empor. Niemand würde ihr bei ihrer Rache zur Seite stehen. Hätte sie eine Pistole besessen, hätte sie selbst keinen Moment gezögert.

Stimmte das? War sie das?

Lina gestand sich ein, dass ihr im entscheidenden Moment wahrscheinlich der Mumm gefehlt hätte. Außerdem, besann sie sich, sollte sie daran denken, dass die Gefahr, die von diesen Leuten ausging, nicht gebannt war. Selbst jetzt, nach der Kapitulation nicht. Traf es einen von diesen Kerlen, traten andere an seine Stelle. Sie musste zuallererst an ihre Töchter denken. Und ganz egal, wie sie handelte: Karl würde es ihr nicht zurückbringen.

Ernüchtert darüber, derart hilflos zu sein, ging sie zum Bauern und ließ sich die Kartoffeln auf ihren Handkarren laden. Sie bat ihn, sie zu begleiten, weil sie eine Gruppe Herumtreiber gesehen hätte. Dass sie meinte, den Mörder ihres Mannes unter ihnen entdeckt zu haben, verschwieg sie. Der Bauer ging tatsächlich gemeinsam mit ihr zurück, zog ihr sogar den Wagen. Als sie an der Stelle vorbeikamen, wo sie die Flüchtlinge erspäht hatte, war dort niemand mehr. Nur die Feuerstelle rauchte noch.

Lina beschloss, niemals jemandem etwas von ihrer Beobachtung zu erzählen. Aber die Begegnung hatte neues Salz in ihre Wunde gestreut: Das Erkennen der Ohnmacht, ihrem Schicksal gegenüber. Einen neuen Zusammenhang sah sie plötzlich, den sie zuvor nicht wahrgenommen hatte, vernebelt im Kopf von dieser merkwürdigen Taubheit.

Hatte der Mörder beim Hinausgehen nicht nach dem Namen Mastow gefragt? War es um den Nazi in der Nachbarschaft gegangen, Karl nur aufgrund einer Verwechslung

gestorben? Weil die Namen ähnlich klangen, zumal in den Ohren von jemandem, dem das Deutsche fremd war?
Dieser Gedanke brachte sie bei der Bewältigung ihrer Trauer keinen Schritt weiter. Aber je mehr sie ihn wälzte, desto mehr wurde er ihr zur Gewissheit. Karl war immer gut zu allen Menschen gewesen, besonders zu denen, die Not litten, oder der Willkür anderer ausgesetzt waren. Was hätte ein Kriegsgefangener für einen Grund gehabt, ausgerechnet ihren Mann zu töten?
Um Mastow war es gegangen: ein tragischer Irrtum!
In der folgenden Nacht kam sie nicht einen Moment zur Ruhe. Sie weinte, bis sie keine Tränen mehr hatte.
Lina wurde diesen Gedanken lebenslang nicht mehr los. Er hing wie ein Mühlstein um ihren Hals. Sie äußerte ihn jedoch niemandem gegenüber, verschloss ihn in ihrer Brust. Den Gruß von Mastow, wenn sie sich auf der Straße trafen, erwiderte sie fortan kein einziges Mal.

Der Besuch

Am Abend landeten die beiden Schwestern vor dem Fernseher. Lydia würde sich nie daran gewöhnen, dass Martha beim Fernsehen das Licht ausschaltete. Schwarzweiß flackerte das Programm über die Bildröhre. Während sie ein Brettchen mit Butterbroten auf dem Schoß balancierten, lief im WDR Werbung. Ein Mann pries gerade eine Margarine an. Am Ende des Spots schaute er seine Zuschauerinnen intensiv aus der Mattscheibe an. Man hätte meinen können, er fixiere ihre Brote.

„… Ich wünsche guten Appetit", klang es aus dem Lautsprecher.

Martha wäre fast aufgesprungen, so empört war sie. „Wat che-iht dat dän Kääl aan, wat ick freet?[28]", entrüstete sie sich.

„Aber Martha. Der kann uns doch gar nicht sehen."

„Und warum guckt der dann auf mein Butterbrot?"

„Auf meins auch."

„Das gehört sich aber nicht, anderen aufs Essen zu starren."

„Der Mann macht doch nur Reklame."

„Trotzdem!" Wütend biss Martha in ihr Brot.

Die bekannte Fanfare kündigte die Tagesschau an. Heute saß Karl-Heinz Köpcke im Studio.

„Weißt du noch letzten Sommer? Wo er mit Rotzbremse[29] aus dem Urlaub gekommen ist?", erinnerte sich Lydia. „Ganz verändert sah der da aus. Ohne Bart gefällt er mir

---

[28] Was geht das den Kerl an, was ich esse?

[29] Oberlippenbart

viel besser. Haben ja auch viele hingeschrieben, dass er den abrasieren soll."
Nach der Tagesschau stand „Am laufenden Band" auf dem Programm, die Fernsehshow mit Rudi Carrell. Der Moderator des Abends begrüßte sein Publikum mit einem Lied. Er sang mit gewohnt nuscheligem, niederländischem Akzent.
„‚Einer wird gewinnen' hat mir besser gefallen", meinte Martha.
„Der Kuhlenkampff is ja auch 'n ganz anderen Mann. Mit Format. Nich so'n Flabes[30]", pflichtete ihr Lydia bei.
Über Rudi Carrells Scherze konnten sie nicht richtig lachen. Sein Humor lag ihnen einfach nicht.
„Ich versteh den gar nicht", beklagte sich Martha noch. Dann versanken sie in Erinnerungen an die abgesetzte Sendung mit ihrem Idol Kuhlenkampff.
Ein Musiktitel wurde angekündigt. Die Band Teach-In[31] aus den Niederlanden.
„Kennst du die?", fragte Lydia.
„Nee."
Als die ersten Takte gespielt wurden, erinnerte sich Martha doch. Schließlich hörte sie Radio.
„Haben die nicht gerade einen Preis gewonnen?"
„Weiß ich nicht", gestand Lydia. „Was singen die denn da? Dinge-Dinge-Dingsbums. Was soll das heißen?"
„Überall nur ausländisches Zeug."
„Aber die singen jetzt Deutsch."

---

[30] Alberne Person

[31] Teach-In gewann 1975 mit dem Lied Ding-a-dong den Eurovision Song Contest

„Müssen sie ja auch. Sind ja im Deutschen Fernsehen", belehrte sie Martha. „Da haben die Amis damals keine Rücksicht drauf genommen, dass sie in Deutschland sind. Konnten kein Wort."
Lydia stutzte. „Wo bist du denn jetzt?"
„Nach dem Krieg, als sie uns das Haus weggenommen haben …"

Die Besatzer

In der letzten Maiwoche fuhren zwei Militärjeeps auf den Hof. Lina arbeitete gerade mit Hermine im Garten. Verwundert blieben sie an Ort und Stelle stehen und beäugten die Ankömmlinge misstrauisch. Ein amerikanischer Offizier stieg aus einem der Autos und hämmerte an die rückwärtige Haustür.

Lina rief dem Soldaten zu: „Hier sind wir!"

Er kam zu ihnen in den Garten und hielt ihr ein Blatt Papier unter die Nase. „Du deutsche Frau: raus. Wir: rein!"

Hatte sie richtig verstanden? Sollte sie etwa das Haus verlassen?

„Was wollt ihr hier?"

„Zwei Stunden. Dann ihr alle weg. We come back!"

Der Amerikaner drückte ihr den mitgebrachten Wisch in die Hand, machte auf dem Absatz kehrt und ließ sie stehen. Innerlich zitternd, las Lina das Schreiben. Es war zum Glück auf Deutsch verfasst.

Ein Räumungsbescheid! Die amerikanischen Besatzer requirierten den Hof!

Lauter Fragezeichen besetzten ihren Kopf. Wo sollte sie jetzt hin? Was sollte sie mitnehmen? Würde ihr gestattet werden, Garten und Felder zu beackern? Das Vieh zu versorgen?

„Was ist los, Mutti?", fragte Hermine.

Sie hatte ganz vergessen, dass ihre Tochter neben ihr stand.

„Wir müssen das Haus verlassen, steht in diesem Schreiben."

„Was tun wir jetzt?“
Ja, Lina war es ja nun, die alles alleine entscheiden musste. Trotz der Taubheit im Kopf wegen des Verlusts, trotz der ständigen Müdigkeit und Erschöpfung. Wären die Kinder nicht gewesen, gestand sie sich oft ein, wäre sie nicht dazu in der Lage gewesen, hätte sie sich einfach hängen lassen.
Werkzeuge und Arbeit blieben stehen und liegen. Lina und Hermine gingen ins Haus, um Schwägerin Martha und ihrem Mann das amtliche Schreiben zu zeigen.
Fritz, ein kleiner Beamter, dessen Dienststelle ausgebombt worden war, und der deshalb gerade den ganzen Tag zu Hause herumlungerte, starrte das Dokument bestürzt an. „Dem müssen wir uns wohl beugen. Sonst geschieht noch Schlimmes“, orakelte er.
Was der Schwager damit konkret meinte, erschloss sich ihr nicht. Lina beschlich der Verdacht, Fritz‘ Antwort beruhte eher auf seiner gewohnt duckmäuserischen Beamtenhaltung, als auf einer reellen Einschätzung der Bedeutung des Dokuments. Ihr wurde wieder einmal schmerzlich bewusst, dass es nach Karls Tod kein wirkliches Familienoberhaupt mehr in der Schuirer Straße gab, an das sie sich anlehnen konnte. Sie, die lebenslang gewohnt war, dass ihr jemand Entscheidungen in offiziellen Angelegenheiten abnahm, war gezwungen – ungeachtet dessen, wie geschunden ihre Seele war –, alles in die eigene Hand zu nehmen.
Fritz war trotz seiner vagen Andeutung der Einzige, der ihr einen Wink geben konnte. „Was schlägst du vor?“, fragte sie ihn.
„Packen und uns eine neue Bleibe suchen.“

„Kannst du nicht mit den Amis sprechen, wenn sie gleich wiederkommen?“

„Da ist nichts zu sprechen. Martha, hol die Koffer.“

In aller Eile packte nun auch Lina mit Hermine zusammen, was sie für etwa zwei Wochen benötigten. Länger würde es hoffentlich nicht dauern. Den Zugang zu ihrem Hab und Gut würde man ihnen niemals auf Dauer verbieten können. Das redete sie sich zumindest ein.

Julia fasste das Packen als ein Spiel auf. Sie zupfte das eine oder andere Kleidungsstück wieder aus dem Koffer heraus und rannte lachend damit weg. Schließlich riss Lina der Geduldsfaden. Sie fing das Kind ein und setzte es zu ihrer Schwester in den Laufstall. Das gefiel Julia überhaupt nicht. Die Packaktion wurde fortan von ihrem Geplärr begleitet. Irgendwann steckte sie Katharina damit an.

Als sie die Brocken halbwegs beieinander hatten, schickte Lina Hermine los, um in der Nachbarschaft zu fragen, wer sie für ein paar Tage aufnehmen könnte. Sie nannte ihr zwei Namen, bei denen sie es zuerst versuchen sollte.

„Nur für uns. Martha und Fritz sollen selber gucken, wo sie unterkommen.“

Nach einer halben Stunde kehrte Hermine zurück. Blessings würden ihnen ein Zimmer zur Verfügung stellen.

„Wir warten hier, bis die Amis wiederkommen. Ich will versuchen, mit ihnen noch ein paar Dinge zu klären“, gab Lina ihrer Tochter gegenüber größeren Mut vor, als sie tatsächlich besaß.

Sie setzten sich mit den beiden Kleinen auf den Rand des Pütts[32] und warteten auf die Soldaten. Martha und Fritz

---

[32] Brunnen

zogen unterdessen mit zwei Koffern los, um ein Obdach für sich zu finden. Selbst beim anstehenden Gespräch würde ihr der Schwager nicht zur Seite stehen, erkannte Lina bitter. Diesmal kam nur ein Militärjeep auf den Hof gefahren, gefolgt von einem Lastwagen. Derselbe Offizier wie vorhin sprang vom Beifahrersitz. Ihm folgte ein hagerer Mann in Zivil, der makellos Deutsch sprach. Ihn hatten die Amerikaner als Übersetzer verdingt, wie er Lina gleich nach der Begrüßung erklärte.

„Sie verlassen jetzt bitte den Hof“, instruierte sie der Deutsche.

„Erst will ich wissen, zu welchen Bedingungen“, erklärte ihm Lina aufgewühlt, aber standhaft.

„Bedingungen? Die stellen leider nicht Sie.“

„So meine ich das nicht. Wer soll das Vieh versorgen? Darf ich weiter Garten und Feld bearbeiten? Es kann doch nicht alles umkommen. Und wie lange soll das Ganze hier dauern?“

„Hat man Ihnen das noch nicht gesagt?“, wunderte sich der Hagere.

„Nein. Ich spreche kein Englisch.“

„Ja, sicher. Dann werden wir das jetzt mal klarstellen.“

Der Hagere bat den Offizier, der das Entladen des Lastwagens befehligte, zu sich.

Es entspannte sich ein umständliches Gespräch. Für Lina war es schwierig, mit Hilfe eines Dolmetschers zu verhandeln. Oft war sie zu ungeduldig, stellte bereits die nächste Frage, ehe der Hagere ihr die Antwort auf ihre zuvorige übersetzt hatte. Am Schluss gelang es ihr aber, ein wenig Licht in die Bedingungen der Räumung zu bringen.

Die Amerikaner wollten auf dem Hof eine Funkstation errichten, sowie eine Verpflegungsstelle. Ab acht Uhr abends wäre es ihr und den Kindern erlaubt, das Haus zu betreten. Bis sechs Uhr morgens war es zu räumen. Die Zimmer im Erdgeschoss würden abgesperrt – ihnen blieb nur das Obergeschoss. Sie müssten auch damit leben, dass vor dem Haus eine Wache stand. Lina war erleichtert, dass sie wenigstens in ihren Betten schlafen durften und somit nicht gezwungen waren, ihre gesamte Habe zu den Blessings zu schaffen. Sie sprachen auch ausgiebig darüber, wie mit dem Vieh und der Landwirtschaft zu verfahren sein. Dass sie sich tagsüber im Stall, im Garten und auf den Feldern blicken ließ, dagegen hatten die Amerikaner nichts einzuwenden. Im Gegenteil. Sie waren froh, sich nicht selbst um die Tiere kümmern zu müssen.

Halbwegs erleichtert, dass es nicht gar so arg kommen sollte wie befürchtet, nahmen Hermine und sie das Gepäck auf und zogen mit den beiden Kleinen los zu ihrer neuen Tagesbleibe. Julia ritt auf Linas Schultern, wie sie es früher immer bei Karl getan hatte, Katharina schob Hermine im Kinderwagen vor sich her. Ein Treck Flüchtlinge im eigenen Land.

Blessings nahmen sie wohlwollend auf. Allerdings verlangten sie, dass ihre Logisgäste für ihre Kost selbst aufkamen. Das war in diesen knappen Zeiten nur selbstverständlich. Zum Glück ließen die Amerikaner die Vorräte im requirierten Quartier unangetastet, so dass Lina jeden Tag etwas zu essen mitbringen konnte. Sie bemaß die Rationen etwas großzügiger, um sich Blessings gegenüber erkenntlich zu zeigen.

Von jetzt an vollzog sich täglich dasselbe Ritual. Gegen vier Uhr stand Lina auf, zog sich an und molk zuerst die Kuh. Anschließend fütterte sie das Tier, das Schwein und die Hühner. Dann weckte sie Hermine, der es zukam, ihre beiden Schwestern anzukleiden. Gegen sechs Uhr verließen sie das Haus und machten sich zu Blessings auf, wo das Frühstück eingenommen wurde. Wenn es nicht gerade sintflutartig regnete, gingen sie anschließend zurück zum Haus, um die Landwirtschaft am Laufen zu halten. Hermine wurde mit der Kuh losgeschickt, um sie am Straßenrand weiden zu lassen. Die eigenen Futtervorräte wurden so geschont und Flächen, die sonst für den Anbau von Viehfutter gebraucht worden wären, standen für wertvollere Feldfrüchte zur Verfügung.

Lina selbst kümmerte sich um Acker und Garten. Dabei hielt sie ein Auge auf die Kleinen. Gelegentlich durften Julia und Katharina auch bei Blessings bleiben, die selbst keine Kinder hatten. An solchen Tagen kam es Lina vor, als käme sie dreifach schnell voran.

Gegen Mittag ging es wieder zurück zu ihrem Quartier. Frau Blessing war immerhin so nett, für alle zu kochen. So ging wenigstens dafür keine Zeit verloren. Am Nachmittag zurück und weiterschuften. Nach vollbrachtem Tagwerk Abendbrot bei den Blessings. Kurz vor acht ein letzter Aufbruch zum Haus. Julia und Katharina wurden ins Bett verfrachtet, Hermine folgte. Zuletzt stieg Lina in die Federn. Zuvor schaltete sie den Wecker ein. Auf vier Uhr in der Früh …

Die Amerikaner erwiesen sich insgesamt als freundlich, waren aber auch für Überraschungen gut. Eines Morgens kam

Lina nach dem Frühstück in den Stall, um die Kuh herauszuholen. Sie stand nicht an ihrem Platz. Ratlos klopfte sie bei den Soldaten an und fragte nach ihrem Verbleib. Sie setzte ihre Zeigefinger wie Hörner auf die Stirn, um sich verständlich zu machen. „Muuh. Muuh. Wo?“
Der Soldat, der ihr geöffnet hatte, lachte amüsiert. Hauptsache, er verstand sie.
Es stellte sich heraus, dass einer der Männer die Kuh losgebunden und fortgetrieben hatte. Nicht aus Bosheit. Nach unendlichem Radebrechen zeigte sich der herbeigeholte Schuldige Lina gegenüber erstaunt, dass Rindvieh nicht frei herumlief, wie es in seiner Heimat üblich war. Eine Kuh im Stall – so etwas kannte er nicht. Er hatte das Tier im guten Glauben, das hätte so seine Richtigkeit, losgebunden und fortgetrieben.
Immerhin war der Soldat so korrekt, sich an der Suche nach dem Tier zu beteiligen. Die Kuh war nicht weit gekommen. Sie stand wenige hundert Meter entfernt am Straßenrand, genau dort, wo sie am Vortag zuletzt am Strick von Hermine geweidet hatte.
Einer der Amerikaner war ganz verzückt von Julia und Katharina. Er besaß wohl zu Hause Kinder in ähnlichem Alter. Der Soldat schenkte den Mädchen jeden Tag Schokolade, ließ sie auf seinen Knien reiten und kitzelte sie, bis sie keine Luft mehr bekamen. Lina wollte ihren Kleinen den Spaß nicht verderben, blieb dabei stehen und lächelte den Mann freundlich an. Sie wagte jedoch nicht, die Mädchen in seiner Obhut zu lassen, was durchaus möglich gewesen wäre. Jedenfalls verstand sie den Soldaten so. Ihre Skepsis den fremden Eindringlingen gegenüber war einfach zu groß. Würde

den Kindern etwas geschehen, käme sie niemals darüber hinweg.
Gegen Mittag war der Hof regelmäßig bevölkert von Soldaten, die aus allen Richtungen herbeiströmten. Ihre Autos parkten in langer Reihe am Straßenrand. Sie wurden auf dem Hof mit einer warmen Mahlzeit versorgt, die ein Koch auf dem Küppersbusch zubereitete. Waren die Gesättigten abgezogen, durchsuchte Schwägerin Martha, die mit Fritz einige Häuser weiter die Schuirer Straße hinauf untergekommen war, die Küchenabfälle der Besatzer nach Verwertbarem. Sie konnte sich nicht darüber beruhigen, dass der Koch die Schwarten vom Speck abschnitt und wegwarf. Für Martha die Basis kräftiger Suppen.

An einem dieser Tage kam Hermine mit offenem Mund zu Lina gelaufen.
„Mutti, Mutti, da ist ein Neger[33] auf dem Hof. Ganz schwarz ist der und hat dicke Lippen. Komm schnell, sieh ihn dir an!"
Zu einem ihrer Geburtstage hatte Karl Hermine eine Negerpuppe geschenkt, groß wie eine Kinderhand. Ihre Älteste hatte dafür ein Kleid aus Baumwolle gehäkelt. Schon damals hatte Hermine nicht glauben wollen, dass es schwarze Menschen gab. Immer wieder hatte sie über das Plastik der Puppe gestreichelt um zu prüfen, ob die Farbe nicht abging. Lina schlug ihrer Tochter den Gefallen nicht ab, den schwarzen Soldaten anzusehen. Sie schämte sich zwar für

---

[33] Damals noch eine übliche Bezeichnung für einen Schwarzen, aus Gründen der Authentizität hier beibehalten

ihre Neugier, wollte ihrer Tochter aber den Gefallen tun. Was erlebte sie sonst schon?

Der Schwarzamerikaner stellte sich als lustiger Kerl heraus, der sie pfeifend und rhythmisch mit den Händen klatschend empfing. Das Lachen auf seinem gutmütigen Gesicht schien nur aus weißen Zähnen zu bestehen. Er nahm Hermine und Lina bei der Hand und tanzte mit ihnen im Halbbogen über den Hof. Keine Frage: Dieser Mensch hatte Musik im Blut. Als er Hermine losließ, beobachtete Lina, dass ihre Tochter argwöhnisch ihre Handinnenfläche begutachtete. Der Mann hatte nicht abgefärbt, genauso wenig wie die Puppe. Noch oft sprach Hermine mit ihr über dieses Erlebnis.

Anderthalb Monate später war der ganze Spuk wieder vorbei. Die Amerikaner räumten das Haus. Die Briten würden ab jetzt die Besetzung Essens übernehmen. Ein Durchtauschen der Quartiere war offensichtlich nicht vorgesehen.

Erleichtert zog Lina mit den Kindern zurück auf ihr Anwesen. Sie schrubbte vier Tage lang an allem herum. Die Männerwirtschaft hatte wenig Wert auf Ordnung und Sauberkeit gelegt. Hoffentlich kehrten die Soldaten niemals mehr zurück.

Hilfe in der Not

Der Sommer kam und damit die Erntezeit. Wie sollte Lina das alleine bewerkstelligen?

Hilfe fand sie in ihrer Schwägerin Hedwig. Ihr hatte der Krieg besonders übel mitgespielt. Den Mann hatte sie verloren und den einzigen Sohn. Obendrein war sie ausgebombt worden.

Die schweren Schicksale verbanden die beiden Frauen, wenn auch Hedwig das Lachen nicht verlernt hatte. Wenn sie lauthals über ein Ungeschick oder eine kleine Anekdote loslachte, fühlte sich Lina schmerzlich an Karl erinnert, der ein ebenso fröhliches Gemüt besessen hatte. Wenn er auch mit dem Andauern des Krieges immer ernster geworden war.

Hedwig packte mit an, wo immer sie gebraucht wurde. Nicht nur bei der Ernte. Wenn große Wäsche anstand, machte sie sich genauso bereitwillig im Haushalt nützlich. Diese Tortur stand etwa alle sechs Wochen auf dem Plan. Obwohl körperlich äußerst anstrengend, seit eh und je reine Frauenarbeit. So kannte es Lina aus Eimelrod, so hatte sie es hier in Haarzopf vorgefunden. Natürlich musste auch Hermine bei der großen Wäsche mithelfen, so wie ihre Mutter seit Kindertagen ebenfalls dafür eingespannt worden war.

Die Kochwäsche wurde bereits einen Tag zuvor eingeweicht, meist im Badewasser der Kinder. Warmes Wasser bedeutete den Einsatz von Brennmaterial, und das war kostbar. Es durfte nicht vergeudet werden.

Am Waschtag selbst wurde zunächst Holz aus dem Schuppen in die Waschküche getragen, die in einem Anbau untergebracht war. Hermine pumpte im Flur das Wasser und Hedwig trug es in Eimern hinüber zum Waschkessel, den Lina kräftig einheizte. Sie bereitete eine Lauge zu, in die anschließend die Wäschestücke hineingegeben wurden. Eine Viertelstunde lang wurden sie im Waschkessel gekocht und dabei gestampft. Mit dem Wäschestampfer lösten sich Lina und Hedwig ab. Über das heiße Wasser gebeugt, schwitzten die beiden Frauen heftig.
Nach dem Kochen fischte Lina die Wäsche mit einem Holzpaddel aus dem Wasser und füllte sie in eine bereitstehende Zinkwanne. Sie und ihre Schwägerin gönnten sich eine kleine Pause, in der die Wäschestücke etwas abkühlen konnten. Dann kamen Waschbrett und Schmierseife zum Einsatz. Wehmütig dachte Lina an die Waschmaschine bei Althoff, die diesen Arbeitsgang erledigte. Gehrings hatten so eine besessen und dort hatte sie Lina schätzen gelernt. Eine Anschaffung, für die sie in der Schuirer Straße nie das Geld besessen hatten. Stattdessen war sie gezwungen, sich über den Zuber zu beugen und Hemd für Hemd, Schlüpfer für Schlüpfer, Betttuch für Betttuch, Kissenbezug für Kissenbezug, Bettbezug für Bettbezug zu rubbeln. Wenn ihr davon der Rücken schmerzte, löste Hedwig sie ab.
Waren sie mit allen Teilen durch, hieß es spülen. Eine Prozedur, bei der auch Hermine mit anpackte. Erneut alles ins kochende Wasser, dann in kaltes, wringen, wringen, wringen. Wenn der Wäscheberg am Ende der Prozedur in einer weiteren Zinkwanne lag, trugen ihn Lina und Hedwig hinaus auf den Rasen zum Bleichen. Stück für Stück wurden

die halbfeuchten Teile dort ausgebreitet. Die Sonne konnte ihr Werk verrichten.
Am nächsten Tag sammelte Lina die Wäsche zusammen mit Hermine wieder ein und sie wurde erneut gewaschen. Danach waren beide redlich geschafft. Große Wäsche hasste Lina, seit sie als Kind dabei zupacken musste.

Neben Hedwig war Lina Johann Lehnhoff eine weitere Stütze, der beste Freund von Karl. Weniger in den praktischen Dingen, mehr im Umgang mit Ämtern und Behörden. Er versuchte zu klären, welches Geld Lina zustand. Karls Lohn fiel ja jetzt aus. Besaß sie möglicherweise einen Rentenanspruch?
„Du glaubst gar nicht, wie chaotisch es in der Verwaltung zugeht", klagte ihr Johann sein Leid. Er hatte herausgefunden, dass es im Moment aussichtslos war, irgendeine Form von Unterstützung zu beantragen. Er versprach, am Ball zu bleiben.
Immerhin waren die Kriegsschäden am Haus überschaubar geblieben. Den teilweise abgebrannten Stall hatte Karl unmittelbar nach dem Bombentreffer wieder aufgebaut. Hier fehlte ein Stück Putz, den ein Bombensplitter abgesprengt hatte, dort war eine Fensterscheibe durch eine Holzplatte ersetzt worden, an anderer Stelle hing ein Blendladen schief. Nichts, was besonderer Aufmerksamkeit bedurfte. Provisorien heilten vorläufig die Mängel. Einen Handwerker benötigte Lina dafür nicht. Und wenn etwas dringend wurde, packte zumeist einer der Nachbarn mit an. Auf diese Hilfe zurückzugreifen, war sie nur selten gezwungen.

Anderswo sah es bedeutend schlimmer aus. In der Innenstadt stand nur noch jedes zehnte Haus. Unbeschädigt war nahezu keines. Lina war in diesem Jahr noch nicht in Essen gewesen, hatte sich aber beschreiben lassen, in welch erbärmlichen Behausungen die Menschen dort dahinvegetierten. Manchem musste ein von Schutt befreites Kellerloch reichen, zur Straße hin notdürftig mit einer löchrigen Wolldecke geschützt. Andere lebten in irgendwelchen Bruchstücken ehemaliger Häuser, bei denen ständig die Gefahr bestand, dass sie endgültig einstürzten. Dagegen lebten sie hier in der Schuirer Straße in regelrechtem Luxus.

Im Stadtteil Haarzopf fand ein Teil des Schutts aus der geschundenen Stadt Verwendung. Die Raadter Straße wurde mit diesen Resten des einstigen Essens höhergelegt und begradigt. Der Weg, den sie mit Karl von ihrer Hochzeitsfeier ins neue Heim gegangen war, wurde dadurch zu einem Torso, der unterhalb der Schule endete.

Die Trümmer bedeuteten für die Leute aus der näheren Umgebung tatsächlich einen Segen. Sie fuhren mit Schubkarren zum aufgeschütteten Damm und klaubten Baumaterial heraus, das sie selbst zur Wiedererrichtung ihrer Häuser einsetzten. In diesen Zeiten konnte sich niemand leisten, etwas eventuell Verwertbares wegzuwerfen.

Als endlich wieder Züge fuhren, kehrte Wilhelmine aus Eimelrod zurück. Eines Tages stand sie überraschend im Türrahmen. Lina und die Kinder saßen gerade beim Abendbrot.

„Ist Karl nicht da?“, fragte Wilhelmine.

Lina war wie vor den Kopf gestoßen. „Hast du denn meinen Brief nicht erhalten?"

„Welchen Brief?"

Sofort traten Lina Tränen in die Augen. Der ganze Schmerz war wieder da.

Konnte es wirklich sein, dass Wilhelmine nichts wusste? Zweimal hatte sie deswegen nach Eimelrod geschrieben. War also doch die Postverbindung unterbrochen gewesen.

Hermine sah die Großmutter entgeistert an. Auch bei ihr kullerten die Tränen.

Sie mussten nichts mehr sagen. Wilhelmine verstand auch so. „Verletzt oder tot?"

„Tot", konnte Lina gerade noch hervorbringen. Dann brach die Trauer aus ihr heraus und sie war zu keiner weiteren Äußerung mehr fähig.

Starr in den Raum blickend, sank Wilhelmine auf einen freien Stuhl. Auch die Kleinen hatten jetzt begriffen, dass es um etwas Schreckliches ging. Julia kletterte auf Hermines Schoß, Katharina streckte ihre Ärmchen nach der Mutter aus.

Wilhelmine murmelte: „Das fünfte Kind, das Gott mir nimmt. Hat er denn kein Erbarmen, der Herr? Das ist nicht richtig, dass die Kinder vor der Mutter gehen. Da stimmt die Reihenfolge nicht."

Als sich Lina endlich gefasst hatte, bat sie Hermine, einen Teller für Wilhelmine zu holen. Dann erzählte sie ihrer Schwiegermutter, was vorgefallen war. Erst jetzt begann Wilhelmine, zu weinen. Still, kummervoll. Eine abgezehrte, niedergeschlagene, uralte Frau, gebeugt vom Leben.

Sie konnten sich nicht lange erlauben, dass sie die Trauer niederrang. Bereits am kommenden Tag wurde die gramgebeugte Schwiegermutter in die anstehenden Arbeiten einbezogen. Lina stellte ihr einen Stuhl in den Garten vor die Johannisbeersträucher. Im Sitzen erntete Wilhelmine die roten Früchte. Wenn sie von ihrem Stuhl aus keine Beeren mehr erreichte, stellte ihn Hermine einfach ein Stückchen weiter und die Ernte wurde fortgesetzt.

Jede Hilfe war recht, jeder Handgriff, der Lina abgenommen wurde, ein Segen. Beim Mähen des Korns machten sich zwei Jungen aus der Nachbarschaft nützlich. Sie schafften mit ihren Sensen zu zweit weniger, als ihr Vater zu Hause alleine, musste Lina bedauernd feststellen. Doch auch diese Hilfe war wertvoll. Sie ging mit Hermine hinter den Jungen her und band die Garben. Zum Glück konnte sie die beiden Kleinen zeitweise in der Obhut der Oma lassen. Eine Entlastung, die nicht zu unterschätzen war.

Der nächste Gewaltakt lag in Form des Kartoffelackers vor ihr. Als sie ihn eines Morgens inspizierte, erblasste Lina. Mehrere Quadratmeter waren umgegraben, die Kartoffeln verschwunden. Hier hatte sich jemand unberechtigt bedient. Leider etwas, was von immer mehr Nachbarn berichtet wurde. Sie wusste, dass in den Geschäften längst nicht alles vorrätig war. Schlangen bildeten sich vor den Türen, und am Ende ging man mit einem halben Brot nach Hause. Da kam es auf jeden Apfel, jede Kartoffel, jede Bohne an. Ein wenig verstand sie die Leute, die sich hier an fremdem Eigentum vergriffen hatten. Selbst wenn sie diese Diebe anzeigte: Sie würden nie verfolgt werden. Immer noch herrschte eine gewisse Rechtlosigkeit im

Nachkriegsdeutschland. Eine Warnung für sie, die Kartoffeln möglichst schnell auszugraben und im Keller einzulagern.

Diesmal halfen Martha und Fritz bei der Ernte. Auch Hermine. Fritz und Lina wechselten sich dabei ab, die Kartoffeln mit der Forke aufzuwerfen. Martha und ihre Älteste sammelten sie in einem Drahtkorb. War er bis zum Rand gefüllt, nahmen sie ihn zwischen sich und beförderten die kostbare Fracht ins Haus. Tage gingen bei dieser Arbeit drauf. Dafür hätten sie wenigstens genug zu essen über den Winter.

Als letzte Arbeit im Jahr stand das Schlachten an. Ein Metzgergeselle aus Haarzopf war bereits aus amerikanischer Gefangenschaft entlassen worden. Er stach das Schwein ab und weidete es aus. Die Frauen erledigten den Rest. Hermine rührte das Blut, damit es nicht gerann. Daraus wurde später Blutwurst gekocht. Lina kümmerte sich mit Martha um das Säubern der Därme. Die würde der Metzger zusammen mit den passenden Fleischstücken mitnehmen und Mettwürste daraus machen. Als Lohn behielte er ein paar für sich zurück.

Noch tagelang war der Hof damit beschäftigt, das Schwein zu verarbeiten. Schließlich standen die ganzen Köstlichkeiten eingeweckt im Keller, oder hingen von einer Stange an der Decke herunter. Der Winter konnte kommen.

Das Jahr 1945 hatte die Menschen in der Schuirer Straße anscheinend noch nicht genug gequält. Ende Oktober, gerade zwei Jahre alt geworden, wurde Katharina krank.

Das Kind fieberte zunächst, fasste sich immer wieder an den Hals. Der Atem der Kleinen ging pfeifend. Als Lina Katharina in den Hals sah, wogegen sich das Kind heftig wehrte, erschrak sie. Eine solche Schwellung im Rachenraum hatte sie noch nie gesehen. Als es immer schlimmer wurde, schickte sie Hermine, den Arzt holen.
Dr. Feind kam auf dem Pferd angeritten. Er sah Katharina nur kurz an, da bestimmte er schon: „Das Kind muss sofort ins Krankenhaus!"
„Was hat sie denn?", wollte Lina wissen.
„Ich vermute, Diphtherie. Näheres werden die Ärzte in der Klinik feststellen."
Lina bat einen Nachbarn, anzuspannen. Im Trab, hinten auf einem Leiterwagen, fuhren sie zum Kruppkrankenhaus. Katharina lag in Linas Armen und starrte sie aus angsterfüllten Augen an. Immer wieder hustete sie, röchelte, schien schlecht Luft zu bekommen.
Hoffentlich war es nicht schon zu spät!
Es dauerte eine Weile, bis sich im Krankenhaus jemand um Katharina kümmerte. Einer vorbeigehenden Schwester fiel auf, wie schlecht es um das Kind stand. Sie sorgte dafür, dass endlich ein Arzt herbeigerufen wurde. Beide verschwanden mit Katharina in einem Untersuchungszimmer. Lina blieb im Flur auf einer Bank sitzen, und wartete auf die nächste Hiobsbotschaft. Bereits kurze Zeit später kam der Arzt zu ihr herausgeschossen.
„Sind Sie die Mutter? Wir müssen einen Luftröhrenschnitt machen. Das Kind erstickt uns sonst."
Die Nachricht versetzte Lina in helle Aufregung.
„Wird es gutgehen?"

„Das hört sich schlimm an, gelingt aber in den überwiegenden Fällen. Bei mir ist noch keinem Patienten etwas dabei geschehen. Bleiben Sie ruhig!" Damit verschwand der Mediziner wieder im Untersuchungszimmer und ließ die aufgewühlte Lina auf dem Flur zurück.
Sie faltete die Hände. So innig wie jetzt, hatte sie in ihrem Leben noch nie gebetet. Karl war ihr in diesem Jahr schon genommen worden. Gott würde ihr doch hoffentlich das Kind lassen?
Zwei Stunden später durfte Lina zu Katharina gehen. Die Kleine lag in einem Kinderbettchen, isoliert in einem winzigen Zimmer. Um den Hals trug sie einen Verband. Sie atmete ruhig und schlief. Der dabeistehende Arzt beruhigte Lina, die Operation sei gut verlaufen. Ihr Kind würde wieder gesund.
Erleichtert machte sich Lina auf den Weg nach Hause. Katharina würde noch für Wochen in der Klinik bleiben müssen. Aber es bestand Aussicht, dass sie Mitte Dezember wieder nach Hause durfte.

Langsam wurde es Zeit, das Weihnachtsfest vorzubereiten. Wenn es ruhig im Haus wurde und alle Bewohner ins Bett gefunden hatten, blieb Lina eine Stunde, in der sie Geschenke für die Kinder anfertigte. Dieses Jahr würde die Bescherung besonders armselig ausfallen. Sie hatte Fäden aus einem alten Kartoffelsack gezogen, ein kratziges, unangenehmes Material. Daraus strickte sie neue Puppenkleidung, einen Pullover, eine Hose, ein Kleidchen.

Während sie bei dieser Handarbeit saß, kamen ihr all die bitteren Momente hoch, die sie in ihrem Leben erlebt hatte. Die unbeschwerteste Zeit, mit Ausnahme der frühen Kindheit, war die bei den Gehrings gewesen. Natürlich hatte sie dort auch arbeiten müssen, aber etliche Stunden waren ihr geblieben, die sie nur für ihre eigenen Bedürfnisse nutzen durfte. Niemand, der von ihr abhing, niemand, der Ansprüche an sie stellte. Ausgenommen die regelmäßigen Geldanweisungen an die Familie in Eimelrod natürlich.
Die erste Zeit ihrer Ehe mit Karl war noch glücklicher gewesen, wenn sie auch schwer schuften musste auf dem Anwesen in der Schuirer Straße. Lina hatte ihren Jungen immer herzlich lieb gehabt. Der junge, unbeschwerte, immer zu Späßen aufgelegte Karl, war ihr Lebensmittelpunkt gewesen.
Dann der Krieg. Dieser aus heutiger Sicht unnötige, verfluchte Krieg, der Deutschland nicht wie vorgegaukelt zum strahlenden Sieg verholfen, sondern in leidvolles Elend gestürzt hatte. Lina würde nie die Albtraum haften Bombennächte vergessen. Mit dem Krieg war alles beschwerlich, unerträglich geworden.
Jetzt war Karl gegangen, aus ihrem Leben verschwunden. Alles blieb nun an ihr hängen. Sie arbeitete wie ein Grubenpferd, von früh bis spät. Und das nicht, um ihren Wohlstand zu mehren. Sie ackerte rein fürs nackte Überleben von sich selbst und ihren Schutzbefohlenen. Ein Kartoffelsack, etwas aufgehübscht, war das, was sie den Kindern zu Weihnachten schenken würde.
Bedrückt von diesen Gedanken, löschte sie irgendwann das Licht und schlich zu Bett. Viel zu spät, um morgen

ausgeruht aufzustehen. Wenn sie dann wieder träumte, der ganze Hof wäre überflutet von Karls Blut, war die Nacht bereits vor dem Weckerklingeln beendet.

Als sie Katharina nach Hause holen durfte, empfand Lina für einen kurzen Moment ein wenig Glück. Wenigstens etwas, das gut ausgegangen war. Doch währte dieser Glücksmoment nicht lange. Das Kind war geschwächt und benötigte viel Zuwendung. Die Kleine wieder aufzupäppeln, zehrte nicht nur an Linas Nerven, sondern zusätzlich an ihren Kräften.

Es wurde ein überaus bescheidenes Weihnachtsfest. Und dazu noch trauriger, als das nach dem Tod ihrer Mutter. Auch ihren vierzigsten Geburtstag, kurz vor Silvester, beging Lina trotz des vielen Besuchs und großer Anteilnahme mit düsteren Gefühlen.

In ihr Leben war auf Dauer eine Lücke gerissen: Karl!

Jahre der Entbehrung

Zu Beginn des Januars 1946 brach der Winter mit harten Frostgraden ins Land. Ende des Monats setzte Dauerregen ein. Im nördlichen Stadtteil Karnap kam es zu Überschwemmungen, wie seit Jahrzehnten nicht mehr. Der Regen wurde durch Schnee abgelöst bei scharfem Nordostwind.

In der Stadt wurde die Versorgungslage immer dramatischer. Verzweifelt versuchten die Menschen, im Hungerwinter ihr Dasein zu bestreiten. Was es auf Lebensmittelkarten an Kalorien gab, reichte bei Weitem nicht aus, um davon satt zu werden. Beleibte oder Untersetzte sah man nicht mehr auf Essener Straßen. Die Menschen bereiteten sich Gemüse aus Brennnesseln und sonstigem Unkraut zu, um irgendetwas in den Magen zu bekommen.

Solcher Mangel herrschte in der Schuirer Straße zum Glück nicht. Dafür klopften immer häufiger Leute an, die etwas eintauschen wollten, denn auch das Geld war nichts mehr wert. Lina wurde Schmuck angeboten, Uhren, Musikinstrumente, alles, was nicht unmittelbar zum Leben benötigt wurde. Luxus war in diesen Zeiten wertlos. Wie traurig es für die Leute sein musste, geliebte Erbstücke für einen Sack Kartoffeln herzugeben! Aber wenigstens hatten sie noch etwas über den Krieg hinwegretten können. Vielen war restlos alles genommen worden. Sie besaßen nichts mehr von Wert, das sie eintauschen konnten.

Lina hatte Mitleid mit den Verzweifelten, die bei ihr anklopften. Nur war ihre eigene Verwandtschaft riesengroß und dort musste sie zuerst helfen. Gerne gab sie ein Stück Speck her oder ein Einmachglas mit Obst, wenn jemand von Karls Geschwistern sie darum bat. Alle Welt konnte ihre bescheidene Landwirtschaft natürlich nicht versorgen, und so wies sie manchen Bittsteller mit schlechtem Gewissen ab.

Ende Mai setzte erneut ausgiebiger Regen ein. Die Aussaaten waren fast erledigt, als die ersten nassen Tage kamen. Die Feuchtigkeit war gut fürs Gedeihen und Wachsen. Wenigstens etwas, das zu Linas Zufriedenheit verlief.

Die Diskussion um eine neue politische Ordnung in Deutschland, die Nürnberger Prozesse, Auseinandersetzungen zwischen den Siegermächten - das alles registrierte sie nur am Rande. Auch die ersten freien Wahlen auf Gemeindeebene irritierten sie eher, als dass sie sich etwas davon versprach. Wer sich da alles anpries und um das Kreuzchen des Wählers buhlte! Sie ging zwar hin, um eine Pflicht zu erfüllen, verfolgte den Ausgang der Wahlen aber nicht weiter. Was half es dem kleinen Mann schon, sich um Hirngespinste zu kümmern. Mehr denn je zählte das, was ihr Acker hervorbrachte.

Hermine ging weiter zur Schule. Nächste Ostern würde sie abgehen. Gelegentlich kam das Gespräch darauf, was sie danach anfangen wollte.

„Was meinst du, Mutti, was ich nach der Schule für einen Beruf lernen soll?“

Lina war diese Frage jedes Mal unangenehm.

„Wie kommst du darauf?“

„Meine Freundinnen sprechen darüber. Paula überlegt sich, Modistin zu werden. Ihre Eltern meinen, Hüte würden immer getragen. Irgendwann hätten die Leute wieder Geld dafür. Inge will in einem Büro arbeiten. Dafür muss sie weiterlernen."

„Was würdest du gerne tun?"

„Ich weiß nicht recht. Deshalb frage ich dich ja."

Die Antwort passte Lina ganz gut. Ihre Pläne für Hermines Zukunft hatte sie nämlich bereits gefasst.

„Pass auf. Du hilfst mir erst mal, bis die Kleinen etwas größer sind. Danach kannst du immer noch etwas lernen."

„Ich möchte aber einen Beruf haben. Wie die anderen auch."

„Gerade hast du noch gesagt, du wüsstest nicht welchen."

„Ich habe aber auch gesagt, dass ich dich deshalb frage."

„Wenn du keine eigenen Vorstellungen hast, kann ich dir nicht helfen …"

Ein wenig schämte sich Lina, dieses Spiel mit ihrer Ältesten zu treiben. Sie wusste nur zu gut, wie sehr sie auf Hermines Hilfe angewiesen war. Ihr würde es am besten gefallen, wenn ihre Tochter das von alleine einsähe. Vielleicht wäre es leichter, wenn sie keinen Berufswunsch äußerte. Von ihrer Seite aus würde sie Hermine jedenfalls nichts vorschlagen.

Nachdem ihr Gespräch über das Thema mehrfach versandet war, kam Hermine eines Tages doch mit einem konkreten Vorschlag zu ihrer Mutter: „Ich weiß jetzt, was ich werden möchte: Schneiderin."

Nun war es also heraus. Lina musste sich dem Thema stellen. „Hermine, sieh doch ein, dass ich dich bei der ganzen Arbeit hier brauche. Ich schaffe das nicht alleine."

„Aber ich könnte dann die Sachen für uns nähen. Wenn ich für andere nähe, kriege ich sogar Geld dafür. Du bräuchtest auch nie mehr etwas zu flicken. Stopfen kannst du doch nicht leiden."

„Das ist noch das Geringste."

„Wenn ich Geld dazuverdiene, könnten wir uns Dinge kaufen, die wir jetzt mühselig selbst herstellen. Wir könnten zum Beispiel die Kuh abschaffen."

„Erst nach der Lehre würdest du etwas verdienen. Und bis dahin?"

„Ich will aber einen Beruf lernen! Wie alle meine Freundinnen!"

„Ich glaube nicht, dass alle eine Lehrstelle finden werden. Das ist nicht so einfach, wie du dir das vorstellst."

„Lass es mich doch wenigstens versuchen!"

Ganz rot war Hermine geworden vor Eifer. Lina schlug ihrer Tochter die Bitte wirklich nicht gerne ab. Aber es musste sein, in ihren Augen. Wozu es in diesen Zeiten führte, wenn man weder Feld noch Vieh besaß, erhielten sie schließlich beinahe täglich durch die Bittsteller bewiesen, die zum Hamstern herkamen. Sie durfte dem Kind nicht nachgeben. Ein paarmal noch wurde die Diskussion im Hause geführt. Am Ende führte nichts um ein Machtwort von Linas Seite herum, so sehr sie selbst darunter litt. „Nein, Hermine. Ich kann dich nicht in die Lehre geben. Von nun an will ich nichts mehr davon hören."

Damit war Hermines Wunsch endgültig vom Tisch. Ein Bescheid wie dieser aus Linas Mund war genauso unumstößlich, wie der ihres Vaters Christian einst ihr gegenüber.

Immer noch suchten Familien verzweifelt nach Vermissten, sowohl zivilen Verschollenen, als insbesondere auch Soldaten. Selbst ein ganzes Jahr nach Ende des Krieges und darüber hinaus, war das Schicksal mancher Menschen ungeklärt. Oft erreichte die Familien die Nachricht, dass der Vater oder Sohn in Gefangenschaft geraten war. Immerhin ein Lebenszeichen. So war es auch Walter ergangen, der in Russland interniert war. Der Vater schrieb Lina davon. Nachdem Karl gefallen war, hatte er unter seiner Sorge um Walter besonders gelitten. Er schrieb so erleichtert über seine Gefangenschaft, als wäre sein Jüngster schon wieder in Eimelrod.

Übergroß war die Freude in Häusern, in die jemand unerwartet zurückkehrte, oft in erbarmungswürdigem Zustand. Manche hatten Entsetzliches zu berichten, waren hunderte Kilometer zu Fuß durchs Land geirrt. In dem, was die Heimkehrer berichteten, wurde eines deutlich: Der Soldat hing im Krieg ganz besonders an seiner Heimat. Sie war für ihn das, wovon er träumte, wenn er gezwungen war, anderswo auszuharren. Im Schützengraben lag, hinter Stacheldraht eingesperrt war. Wie ein leuchtendes Ideal besetzte die Heimat die Sehnsüchte des Kämpfenden und des Gefangenen. Die Erinnerung an sie hielt die Männer in aussichtslos scheinenden Situationen am Leben.

Lina beneidete die Familien, die ihre Gefangenen wiederbekamen. Gleichgültig, in welchem Zustand. Sie beneidete auch die, die Nachricht von einer Kriegsgefangenschaft erhielten. Das bedeutete immerhin ein Wiedersehen. Irgendwann. Am Ende beneidete sie sogar diejenigen, die immer noch suchten. Auch für sie glomm wenigstens noch der Faden der Hoffnung.
Um wie viel unerbittlicher hatte ihr das Schicksal mitgespielt!
Lina war selbst diese vage Hoffnung genommen. Karl war tot. Das war eine Gewissheit.

Der Winter 1946/1947 ließ die Unterversorgung der Menschen noch deutlicher zu Tage treten. Man hörte gar von Hungertoten. Schon im Herbst war auf dem Feld und im Garten nichts mehr sicher gewesen. Lina hatte Petzi dort über Nacht an einem langen Seil festgebunden, damit er Alarm schlug, sobald sich jemand an ihrer Ernte vergriff. Der Hund machte seine Sache gut, auch wenn sie einige Male ihren ganzen Mut zusammennehmen musste, um ins Dunkel hinauszurennen, um die Diebe durch ihr Rufen zu vertreiben.
Nicht selten benötigte Lina Petzis Unterstützung auch dabei, allzu lästigen Hamsterern die Tür zu weisen. Wenn er die Zähne fletschte und wütend knurrte, verließ auch den Zudringlichsten die Courage und er suchte das Weite.
Der allgemeine Notstand zermürbte die Menschen. Bittsteller zu sein, ließ manchen das letzte bisschen Selbstachtung

verlieren. Selbstmord war an der Tagesordnung. Die Deutschen waren endgültig niedergerungen.

Ostern 1947 verließ Hermine die Schule. Sie hatte ein gutes Zeugnis vorzuweisen. Trotzdem blieb Lina hart und setzte der Tochter gegenüber durch, was sie einmal entschieden hatte. Als Unmündige wäre sie ohnehin auf die Unterschrift der Mutter angewiesen gewesen, wenn sie eine Lehrstelle angetreten hätte. Irgendwann gab Hermine das Maulen auf und fügte sich.

Unterdessen festigten sich nach und nach die verwaltungstechnischen Strukturen. Johann Lehnhoff versuchte erneut, für Lina eine Rente zu beantragen. 1947 war es so weit. Der erste Bescheid trudelte ins Haus. Sein Inhalt: Enttäuschend.

„Sie behaupten tatsächlich, du hättest keinen Anspruch auf eine Rente als Kriegswitwe“, schüttelte Johann den Kopf.

„Warum das denn nicht?“, fragte Lina.

„Weil Karl angeblich erst am 1. Mai verstorben ist. Nach den Statuten des Amtes endete der Krieg am 30. April.“

„Karl ist aber doch am 30. April erschossen worden!“

„Wann und wem hast du das gemeldet?“

„Gar nicht. Ging ja nicht.“

„Siehst du. Später wird bei der Registrierung seines Todes etwas durcheinandergeraten sein. Ich kümmere mich!“

Johann schrieb zurück. Das Amt verlangte Zeugen und eine Schilderung des Tathergangs. Er benannte die Nachbarn, die Karls Leiche am Abend des Mordes gemeinsam mit Lina ins Haus getragen hatten.

Die neue Antwort barg eine neue Enttäuschung.

„Jetzt behaupten sie, Karl sei nicht durch eine kriegerische Handlung ums Leben gekommen. Er sei nicht im Kampf gefallen. Deshalb stünde dir die Rente nicht zu."

„Johann, ich bin nur eine einfache Frau. Ich kann mich nicht mit den Sesselfurzern auseinandersetzen."

„Sesselfurzer" war für Linas üblichen Sprachgebrauch eine echte Entgleisung. In der Vokabel lag ihre ganze Erregung über die Angelegenheit.

„Lass gut sein, Lina. Ich setze ein neues Schreiben auf."

Am Ende setzte sich Johann für sie durch. Er erstritt eine Kriegswitwenrente von neunzig Mark. Am 27. August 1947 traf der Bescheid ein. Über zwei Jahre nach Karls Tod, in denen es nichts gegeben hatte. Entscheidend war, dass sie unmündige Kinder zu versorgen hatte. Später erhielt Lina darüber hinaus sechzig Mark Waisenrente pro Kind zugesprochen, zahlbar bis zur Erreichung des 18. Lebensjahrs.

Das Geld hatten sie bitter nötig. Mit der Auferstehung der Behörden besannen sich die Beamten dort auf Einnahmequellen, die zwischendurch versiegt waren. Grundsteuer, eine Abgabe an die Landwirtschaftskammer, sogar Hundesteuer verlangte man von Lina.

Johann setzte sich unermüdlich weiter für sie ein. Er stellte Stundungsanträge, begründete, warum Petzi ein Wachhund sei und ersuchte um Erlassung der Hundesteuer. Lina war Karls Freund von Herzen dankbar für seine Unterstützung. Sie selbst wäre völlig überfordert gewesen mit diesem Papierkram. Ihr hätte am Ende die Kraft gefehlt, sich gegenüber den Behörden durchzusetzen.

Je mehr Männer heimkehrten, desto mehr Hilfe erhielt Lina bei der Arbeit. Hedwig blieb die ganze Zeit über die treue Seele, die sie unterstützte. Schwager Ernst machte sich nützlich, sobald er aus der Gefangenschaft entlassen war. Er schnitt etwa die Weißdornhecke, die den Garten zur Straße hin abschirmte, und übernahm die schwereren Arbeiten in der Landwirtschaft. Lina bedankte sich bei ihm mit eigenen Erzeugnissen. Gerne trank er am Ende eines Arbeitstages ein Glas von ihrem Johannisbeerwein, den sie immer noch kelterte.

Doch nicht in allen Häusern, in die Kriegsgefangene zurückkehrten, bedeutete das nur eitel Freude. Manche Männer kamen gebrochen heim. Ihre Erlebnisse saßen ihnen in den Knochen. Sie schreckten des Nachts hoch, von Albträumen geplagt. Manch einer war nicht in der Lage, wieder einer geregelten Tätigkeit nachzugehen. Die erhoffte Unterstützung traf nicht ein. Im Gegenteil: Ein Esser mehr, der nichts zum Familieneinkommen beitrug.

Anderswo mussten sich die Frauen erst wieder an eine männliche Autorität im Haushalt gewöhnen. Die Heimgekehrten beanspruchten genau die Rolle, die sie bei Antritt ihres Wehrdienstes innegehabt hatten. Sie wollten über alles bestimmen, wie sie es vor dem Krieg gewohnt gewesen waren. Einige meinten sogar, den eingerissenen Schlendrian mit besonderer Härte austreiben zu müssen. Das bekamen besonders die Kinder zu spüren. Die harte Hand des Vaters bog angeblich gerade, wo die Mutter jahrelang zu nachsichtig gewesen war.

Manche Frau tat sich schwer mit diesem Rollentausch. Den Laden zusammengehalten hatten sie in den Kriegstagen, die

Trümmer fortgeschleppt, gemauert, gezimmert, alle männlichen Domänen gestürmt. Nun erneut zurückgesetzt zu werden, eine häusliche Autorität über sich zu spüren, fiel einigen ziemlich schwer. Oft dachte Lina, dass diese Sorte Frauen nichts begriffen hatte. Die Rückkehr in geordnete Verhältnisse sah sie als nichts Schlechtes an. Gerne hätte sie getauscht.

In die Kirche kam sie zu ihrem Bedauern kaum noch. Lina legte aber Wert darauf, dass die Familie am Sonntagnachmittag das Grab des Vaters besuchte. Dann standen sie wieder dort, vereint, ratlos. Außer dass Karl fehlte, hatte sich Linas Leben eigentlich nicht verändert. Sie bemühte sich, alles so fortzuführen, wie es immer in der Schuirer Straße gewesen war. Das gab ihr Halt und das Gefühl, dass ihr Mann zufrieden mit ihr gewesen wäre. Dieses Grab stand für ihr Leid, das ihr manchmal die Luft zum Durchhalten rauben wollte. „Dort liegt mein Elend", sagte sie oft zu den Kindern. Dann gingen sie wieder heim.

Zu ihrem besonderen Feiertag im Jahr wurde der Totensonntag. Alle Verwandten, die kommen wollten, lud Lina dann in die Schuirer Straße ein. Jeder hatte irgendjemanden im Krieg verloren. Sie backte Kuchen, servierte Kaffee. Den guten, nicht den Ersatz. Anschließend spazierten sie zusammen zum Haarzopfer Gemeindefriedhof. Es waren zu viele Gräber, an denen sie eines Verstorbenen gedachten!

Ihr Rundgang endete an Karls letzte Ruhestätte. Lina legte Blumen darauf ab und sie murmelten ein Gebet. Jeder für sich. Anschließend zogen sie weiter zum Südwestfriedhof. Auch dort verharrten sie im Gedenken vor etlichen Gräbern.

Am Totensonntag fühlte sich Lina mit ihrer Trauer nicht so alleine wie sonst.

Als Mitte 1948 die Deutsche Mark als neue Währung eingeführt wurde, gab es über Nacht plötzlich beinahe alles wieder zu kaufen. Das Hamstern ließ nach, Diebstähle gab es nur noch selten. Mit dem neuen Geld schien auch die Moral wieder einzukehren. Ein Verdienst war plötzlich wieder etwas wert.
Im Nachkriegsdeutschland wurden viele Dinge neu geregelt. Die Spaltung in den Ostteil, besetzt von den Russen, und die Vereinigung der drei Westzonen zur Bundesrepublik wurde vollzogen. Die Menschen waren zuversichtlich, sahen wieder eine Zukunft für sich. Die Allermeisten waren mittlerweile aus der Gefangenschaft in die Heimat entlassen worden, die Lücken in den Familien schlossen sich. Nur aus Russland kehrte noch niemand zurück. Walter saß dort immer noch fest.
Lina fühlte sich unverändert als Getriebene der Notwendigkeiten. Ein Auskommen besaßen sie in der Schuirer Straße – das immerhin. Hunger hatten sie nie leiden müssen, auch wenn manchmal Schmalhans der Küchenmeister gewesen war. In der Stube war es auch im Winter auszuhalten gewesen, weil sie immer irgendwo Brennmaterial aufgetrieben hatte. Dass man morgens gelegentlich unter einer mit Eiskristallen überzogenen Zimmerdecke erwachte, war in Eimelrod mit seinen Schneewintern häufiger als in Haarzopf passiert. Gegen die Kälte nahm man des Abends einen auf dem Herd erwärmten Ziegelstein für die Füße mit ins Bett.

Sie hatten weiter die Familienfeste gefeiert, wenn auch nicht so üppig, wie vor dem Krieg. Was Lina vermisste waren die Pausen, die kleinen Auszeiten, die Erlebnisse, die den Rhythmus des Alltäglichen unterbrachen und ihm dadurch trotzdem neuen Schwung verliehen. Einmal im Jahr zum Einkaufen in die Stadt – das war wenig Ablenkung.
Auch nach Eimelrod war sie lange nicht gekommen. Genauso wenig, wie sie Besuch von dort erhalten hatte. Es ging den Lieben dort gut – das zumindest stand in den Briefen von Vater Christian. Doch es genügte ihr nicht wirklich, das nur zu lesen. Gerne hätte sie alle wiedergesehen.

So reihten sich die Jahre aneinander, wie die Strophen eines einfachen Liedes. Dass sie selbst älter wurde, merkte Lina vor allem an den Kindern. Julia und Katharina gingen in den Kindergarten, dann in die Schule. Dass sie das Haus für ein paar Stunden verließen, bedeutete eine gewisse Entlastung. In dieser Zeit schlug sich Lina doppelt, um möglichst viel zu erledigen.
Mit dem Älterwerden der beiden Jüngeren wurden auch sie nach und nach angehalten, die eine oder andere Aufgabe zu übernehmen. Das Füttern der Hühner gehörte zu ihren Pflichten, das Einsammeln der Eier, das Harken der Asche auf dem Hof. An jedem Samstag wurden die Türklinken im Haus mit Sidol poliert – bei den Kindern eine verhasste Arbeit, auf deren Erledigung Lina jedoch bestand. Sie polierte derweil weiter die umlaufende Stange an ihrem Küppersbusch. Wie seit einer halben Ewigkeit.

Die Kinder waren es, die die kleinen Veränderungen in die Melodie des einfachen Liedes hineinbrachten. In den Wintermonaten erlaubte Lina Hermine, bei Girardet zu arbeiten, einer Großdruckerei, wo ihre Älteste eine Anstellung als Hilfsarbeiterin gefunden hatte. Unter anderem wurden dort diese neumodischen Bilderhefte gedruckt. Hermine erzählte ihrer Mutter, das sei die Micky Maus und sie käme aus den USA. Wie so viele Moden den Amerikanern nacheiferten.
Für Julia und Katharina war es jedes Mal ein Fest, wenn die große Schwester die unbeschnittenen Druckbögen in ihrem Mieder nach Hause schmuggelte. Dass dies einem Diebstahl gleichkam, war Lina zwar suspekt und sie wusste nicht recht, ob sie es verbieten sollte. Hermine riskierte bestimmt ihre Stelle dabei. Doch wenn Lina dann in die leuchtenden Augen der Kinder sah, wischte sie ihre Bedenken fort. Diese kleine Verfehlung würde im Himmel wohl nicht allzu dick angeschrieben werden.

Eigene Wege

Im Sommer 1950 bemerkte Lina bei Hermine eine Veränderung. Ihre Große träumte manchmal, was ihr vorher bei ihrer Tochter nie aufgefallen war. Hermine unterliefen Nachlässigkeiten bei der Arbeit. Dann wieder vergaß sie etwas, was ihr aufgetragen worden war. Darauf angesprochen, antwortete ihre Älteste ausweichend. Lina schöpfte einen Verdacht, der sich eines Abends im Gespräch bewahrheitete.

Sie saßen nach dem Abendbrot noch etwas zusammen. Die Kleinen waren gerade ins Bett gegangen.

„Soll ich die Kuh morgen in die Kötterei[34] treiben? Da wachsen bestimmt beste Kräuter um diese Jahreszeit."

Lina wunderte sich. Das Hüten der Kuh übernahmen mittlerweile meistens Julia und Katharina.

„Warum willst du plötzlich wieder das Hütemädchen spielen?"

„Nur so. Ich vermisse das irgendwie."

„Das können gut und gerne deine Schwestern übernehmen."

„Ich habe doch sonst nichts zu tun. Die beiden werden froh sein, wenn ich ihnen das abnehme. Dann können sie ein wenig spielen."

Lina sprach ihren Verdacht aus. „Willst du unterwegs jemanden treffen?"

Hermine wurde rot wie ein Fliegenpilz. Eine Antwort konnte sie sich sparen.

---

[34] Eine Ansammlung bescheidener ländlicher Anwesen

„Wer ist es denn?“, fragte Lina leichthin.
Sie hoffte, dass es der Bauernsohn wäre, den sie am liebsten zum Schwiegersohn bekommen hätte. Wie ihr Vater Christian einst bei ihr, dachte sie für Hermine in dieselbe Richtung.
Ihre Älteste druckste eine Weile herum. Dann antwortete sie leise: „Der Franz.“
Wer war das? Lina kannte keinen Franz in der Nachbarschaft. Erst recht keinen Bauernsohn. „Ist mir der Franz schon mal irgendwo begegnet?“, fragte sie.
„Ich weiß nicht.“
„Wo hast du ihn kennengelernt?“
„Ich habe doch neulich am Nachmittag bei Kieslings geholfen. Beim Einmachen.“
Ab und zu verdiente sich Hermine in diesem Haushalt ein paar Mark dazu. Nach Girardet ging sie nach wie vor nur im Winter.
„Und?“
„Frau Kiesling hat mir gesteckt, da wohne ein Junge in der Fängershofstraße. Sie hat mir den Franz beschrieben. Ich habe ihn zwei, dreimal gesehen und zurückgefragt, warum sie mir das erzählt. Frau Kiesling hat gemeint, der junge Mann würde mich gerne ansprechen, würde sich aber nicht recht trauen. Ob ich etwas dagegen hätte.“
„Und du hattest nichts dagegen?“
„Er gefällt mir schon, der Franz.“
„Hat er dich angesprochen?“
„Ja. Vor zwei Wochen. Da habe ich auch die Kuh gehütet.“
Lina erinnerte sich. Julia hatte Halsschmerzen gehabt und leicht gefiebert. Da war Hermine eingesprungen.

„Wie heißt er denn mit vollem Namen, der Franz?"
„Heimann. Franz Heimann."
Ganz unbekannt war ihr der Name nicht. Sie erinnerte sich an einen älteren Herrn, auf die siebzig zugehend, der unten im Steinbachtal einen Garten bewirtschaftete. Der hatte zwei Söhne, wie sie wusste.
„Und du magst ihn, den Franz?"
Hermine wurde noch roter. „Ich glaube, ja!"
„Ihr wollt euch also morgen beim Kuh hüten treffen?"
„Ja …", antwortete ihre Tochter kleinlaut.
Lina dachte an ihre eigenen Mädchenjahre zurück. Sie war zu Hause niemandem begegnet, der ihr gefallen hätte. Erst in Essen hatte sie Karl kennengelernt. Auch sie hatte selbst gewählt, sich nicht reinreden lassen. Und das war gut so gewesen. Durfte sie also Hermine den Umgang mit jemandem verbieten, nur weil er nicht in ihr eigenes Raster passte?
„Na meinetwegen!", sagte sie und hielt ihre Neugier, mehr über Franz zu erfahren, für den Moment zurück.
Einige Wochen später lernte Lina Franz kennen. Sie hatte ihn zum Kaffee eingeladen. Einen hübschen Jungen, groß, mit lockigen braunen Haaren. Schüchtern stand er im Türrahmen und überreichte ihr einen Strauß Blumen.
Ihren ersten Fragen – was er mache, was er vorhabe –, begegnete Franz nur zaghaft. Irgendwann taute das Eis und er erzählte von sich und seiner Familie. Sein Vater war wirklich der freundliche ältere Herr mit dem Garten im Steinbachtal – das hatte Lina richtig vermutet. Ein pensionierter Reichsbahnbeamter.
Franz war gerade dabei, sein Abitur nachzuholen. Im Jahr 1943 hatten ihn die Nazis von der Schule geholt, nach

Abschluss der neunten Klasse. Zunächst war er zum Reichsarbeitsdienst gekommen, dann hatte er eine dreimonatige Ausbildung zum Soldaten in Polen absolviert. Von dort war er direkt an die französische Atlantikküste versetzt worden. Bei der Invasion der Alliierten war er mit seiner Kompanie in Rückzugsgefechte verwickelt worden. Schließlich geriet er im September 1944 in Belgien in Gefangenschaft. Zum Glück hatte Franz während der Kampfhandlungen keine Verletzungen davongetragen. Er war bis zu seiner Freilassung in etlichen Lagern gewesen. Die Engländer hatten ihn bis Mitte 1947 festgehalten.

Hermine himmelte Franz die ganze Zeit über an. Lina sah, wie verliebt sie war. Der Junge war sieben Jahre älter als ihre Große. Das machte dem Mädchen natürlich Eindruck. Offensichtlich imponierte es ihr, dass sich ein in ihren Augen erwachsener Mann für sie interessierte. Auch das, was Franz bereits erlebt und zu erzählen hatte, beeindruckte sie. Lina dachte an Anettes Cousine mit ihrem Modemagazin zurück. Eine Zigarettenspitze und ein paar Zeichnungen von schamlos gekleideten Frauen hatten genügt, um die große, weite Welt in ihr beschauliches Eimelrod zu bringen. So ungefähr musste es Hermine mit Franz‘ Erlebnissen gehen.

Nebenbei stellte sich im Gespräch heraus, dass der Junge katholisch war. Das gefiel Lina weniger, auch wenn sie Franz sonst mochte. Hätte diese Liebe Bestand, würde das zu einigem Naserümpfen in ihrer Verwandtschaft führen. Was sie sogleich zum Nachdenken darüber brachte, wie sie selbst dazu stand. Im ersten Moment war sie damit überfordert.

Nach dem Kaffeetrinken verabschiedete sich Franz artig von ihr und den beiden Kleinen. Julia und Katharina war der Fremde, den ihre große Schwester mitgebracht hatte, nicht geheuer. Sie gaben Franz die Hand, als würden sie sie in eine Mausefalle halten. Der lächelte nur darüber. Dann ging er mit Hermine vor die Tür, um sich dort von ihr zu verabschieden. Lina widerstand dem Impuls, das junge Paar dabei zu beobachten.

Als ihre Älteste nach gerade noch anständiger Zeit wieder in die Stube zurückkehrte, seufzte sie. „Na, Mutti. Wie gefällt er dir?"

„Ich habe nichts gegen ihn. Ihr dürft euch meinetwegen weiter treffen. Bleibe mir aber schön züchtig, hörst du!"

„Natürlich", entrüstete sich Hermine, „was denkst du von mir?"

„Mütter machen sich nun einmal Sorgen um ihre Kinder", blieb Lina undeutlich.

Sie räumten gemeinsam den Kaffeetisch auf, ohne weiter über Franz zu sprechen.

Lina sah bald ein, dass es Hermine ernst mit ihren Gefühlen für Franz war. Wenn ihre Tochter von ihm sprach, bekam sie ganz leuchtende Augen. Das fiel sogar Julia und Katharina auf. Sie fragten ihre Mutter danach: „Was ist denn mit Hermine los? Sie spricht nur noch von Onkel Heimann."

Auf diese sperrige Anrede hatte sie Lina eingeschworen: Onkel Heimann.

„Fragt eure Schwester selber danach. Wenn ihr einmal größer seid, werdet ihr merken, was dahintersteckt."

„Was denn?“, fragte Julia forsch.
„Das müsst ihr noch nicht wissen. Das kommt noch früh genug“, wies sie Lina zurecht.
Kindern nichts über die Geschlechter und die Liebe zu erzählen: So war sie aufgewachsen. Ein Tabuthema zwischen Eltern und Kindern. Lina hielt sich daran, denn sie wusste es nicht besser. Sie scheute auch die peinlichen Nachfragen, zu denen das führen könnte.
Natürlich blieb Hermines Bekanntschaft den Verwandten nicht verborgen. Als Erste erkundigte sich Martha nach dem jungen Mann, der so auffällig oft zu Besuch kam: „Hat Hermine einen Verehrer?“
„Das scheint wohl so“, formulierte Lina die Antwort möglichst offen.
„Ist das nicht ein bisschen früh?“, bohrte die Schwägerin weiter.
„Erinnere dich: Du warst in ihrem Alter schon verheiratet und hast bald darauf deinen ersten Sohn bekommen.“
Ihre Abwehr weiterer Neugier war erfolgreich. „Jaja“, winkte Martha ab und verschwand wieder in ihrem eigenen Reich.
„Ein Katholischer“, entrüstete sich wenig später eine Nachbarin, die Lina geradezu aufgelauert hatte.
„Es wird wohl Wichtigeres im Leben zweier junger Menschen geben als die Frage, in welche Kirche sie gehen“, hörte sich Lina sagen. Und hatte damit zum ersten Mal ausgesprochen, wie sie selbst mittlerweile darüber dachte. Abstoßend fand sie den blinden Hass, den die Nazis gegen die Juden geschürt hatten. Für das, was da nach dem Krieg zutage getreten war, verspürte sie nur Abscheu. Wenn sie an

Hermine und Franz dachte, spürte sie, dass die Religion nicht zwischen die Menschen treten durfte. Sie waren alle Gottes Kinder. Das würde sie ab jetzt diesen Scheinheiligen entgegenhalten.
Linas Einstellung dazu, dass ihrer Tochter einen Freund hatte, wurde erneut geprüft, als Hermine ihr anvertraute, Franz wolle mit ihr auf Reisen gehen.
Das war ausgeschlossen!
So beschied sie Hermine schroff und bereute es gleich wieder, als ihre Große heulend aus der Küche lief.
Auf was für Ideen eine junge Liebe kam!

Franz hatte sich angewöhnt, auf dem Hof einen Pfiff auszustoßen, ehe er an die Tür klopfte. Hermine war oft schneller als er und stand bereits im Rahmen, ehe ihr Verehrer um die Hausecke bog. An einem dieser Abende bat er Lina um ein Gespräch unter vier Augen, das sie ihm mit gemischten Gefühlen gewährte.
„Hat Hermine schon von unseren Reiseplänen erzählt?“, begann Franz die Unterredung. Es war eindeutig, dass er die Antwort bereits wusste.
„Ja, das hat sie.“
„Hat sie auch erzählt, wo es hingehen soll?“
„Nein. So weit sind wir nicht gekommen.“
„Es verhält sich so. Während der Gefangenschaft in England bin ich mehrere Monate zusammen mit einem Mitgefangenen an eine Hühnerfarm in Cornwall verdingt worden, um dort zu arbeiten. Die Farmerin hat einen rechten Narren an mir und meinem Kumpel gefressen. Nach vielen

Schmähungen und schlechter Behandlung kam uns das wie ein kleines Wunder vor. Plötzlich bestand keine Feindschaft mehr zwischen uns Deutschen und den Engländern. Man kann fast von einer Freundschaft sprechen. Im letzten Jahr ist die Frau sogar zu uns gereist, hier nach Essen. Jetzt ist ein Brief von ihr bei uns eingegangen. Die Farmerin lädt mich darin zu sich nach Cornwall ein. Sie möchte mich gerne wiedersehen. Ich sie auch. Als ich ihr zurückschrieb, ich hätte ein Mädchen gefunden, hat sie Hermine gleich mit eingeladen. Eine einmalige Gelegenheit!“
Nach England? So weit? Und dann ausgerechnet zu diesem unsympathischen Volk, das ihnen im Krieg die Bomben auf den Kopf geschmissen hatte!
„Wie kann man sich nur mit Engländer befreunden?“, sprach sie spontan aus, was ihr in den Sinn gekommen war.
„Die Baranowskis sind Polen. Sie sind selbst als Fremde nach England gekommen.“
Polen! Auch das noch! Ein Pole hatte Karl erschossen!
„Auf keinen Fall fährt Hermine mit!“, entschied sie hart. Allen weiteren Überredungsversuchen begegnete sie mit wachsender Ablehnung. Schließlich ging Franz mit Hermine vor die Tür. Sie hörte ihre Tochter draußen weinen.

Lina hatte gehofft, dies wäre das letzte Gespräch in dieser Angelegenheit gewesen. Mit der nächsten Wendung hatte sie nicht gerechnet.
An einem Samstagnachmittag stand Franz‘ Vater vor der Tür. Er drehte seinen Hut in der Hand. „Guten Tag, Frau

Maaßhoff. Ich bin gekommen, um etwas mit Ihnen zu besprechen. Darf ich hereinkommen?“
Lina gab die Tür frei und setzte sich mit dem Besucher ins Wohnzimmer. Sie erkundigte sich nach seinem Anliegen.
„Es geht um die Einladung nach England. Die an Franz und Hermine. Sie müssen wissen, dass es mein Sohn bei diesen Farmersleuten sehr gut gehabt hat. Die Frau hat ihn behandelt wie einen eigenen Sohn. Sie hat sich in allen Belangen für Franz eingesetzt. Ich bin ihr herzlich dankbar dafür. Tatsächlich durfte ich Frau Baranowski sogar persönlich kennenlernen. Sie war im vergangenen Jahr bei uns zu Besuch, hier in Haarzopf. Sie ist mit ihren beiden Töchtern die weite Strecke von England im Auto hergefahren, um Franz wiederzusehen. Eine herzensgute, liebe Frau.“ Ihr Besucher sah sie über den Rand seiner Brille an.
Lina fühlte sich ungemütlich. Sie merkte natürlich, worauf das hier hinauslief. Lina war einfach nicht gewohnt, dass ihre Entscheidungen hinterfragt wurden. „Warum erzählen Sie mir das?“, gewann sie Zeit.
„Franz liegt sehr an dieser Reise. Ich lasse ihn nicht gerne ziehen, das dürfen Sie mir glauben. Zu lange habe ich ihn an die Engländer verloren. Beinahe drei Jahre lang war er auf der Insel in Kriegsgefangenschaft. Und dass Deutsche dort nicht überall willkommen sind, kann man sich ja denken. Trotzdem. Er ist Volljährig. Würde ich auf meinem Standpunkt beharren, bedeutete das nur einen Bruch mit meinem Sohn.“
„Was hat Hermine damit zu tun?“, kürzte Lina die Vorrede ab.

„Franz wird nicht fahren, wenn Sie ihre Tochter nicht mit auf die Reise gehen lassen. Er hat sie wirklich lieb. Eine so lange Trennung mag er sich im Überschwang der Gefühle nicht vorstellen."

„Wäre es Ihnen denn nicht recht, wenn er daheim bliebe? Das habe ich gerade ganz anders verstanden."

Vater Heimann blies Luft durch die Zähne. „Ich möchte nur das Beste für meinen Sohn. Und das wäre für ihn, nach England zu fahren, nicht als Gefangener, sondern als Gast. Das würde manche Wunde an seiner Seele heilen, stelle ich mir vor. Ihnen gegenüber lege ich meine Hand für ihn ins Feuer. Er wird verantwortlich mit Ihrer Tochter umgehen. Das hat er mir versprechen müssen."

Sie merkte, wie ihr Widerstand bröckelte. Einfach so mochte sie ihre einmal geäußerte Entscheidung aber nicht zurücknehmen. „Lassen Sie mir bitte etwas Bedenkzeit. Ich will erst nochmal mit Hermine reden."

„Das kann ich gut verstehen, Frau Maaßhoff", sagte ihr Besucher noch. Dann setzte er seinen Hut auf und verabschiedete sich.

Als Lina am Abend mit Hermine sprach, schwärmte ihre Tochter ihr gleich von dem unbekannten Land vor, als sei sie bereits dort gewesen. Sie würde das Meer sehen, Frau Baranowski würde ihnen London zeigen, Cornwall sei ein wunderschöner Landstrich. Es war allzu deutlich, dass Franz ihr die Reise in schillerndsten Farben ausgemalt hatte. Lina kapitulierte vor so viel Begeisterung. Sie musste unwillkürlich an ihren eigenen Traum von den Bergen denken, dessen Erfüllung immer noch in weiter Ferne lag. Lange war er in ihren Gedanken verschüttet gewesen – jetzt brach er wieder hervor. Sie wusste nur zu gut, wie sehr unbefriedigtes Fernweh schmerzen konnte. „Du versprichst mir, dich in Bezug auf Franz anständig zu benehmen!“, stellte sie noch sicher.

Als Hermine ihr das eifrig versicherte, brach Linas Widerstand endgültig. Zum ersten Mal, so kam es ihr vor, nahm sie eine Entscheidung gegenüber einem ihrer Kinder zurück.

„Meinetwegen. Fahrt in Gottes Namen!“

Die Reise war für Mai 1951 geplant. In der Schuirer Straße gab es kaum noch ein anderes Thema.

War es für viele in der Verwandtschaft schon ein Grund gewesen, sich das Maul zu zerreißen, weil Franz katholisch war, gaben jetzt beinahe alle jede Zurückhaltung auf.

„Das Kind ist gerade achtzehn. Und dann mit einem fremden Mann!“

„Hast du keine Angst, dass sie dir einen Bastard mit nach Hause bringt?“

„Lina, überleg es dir nochmal!“

„Ich verstehe dich nicht!“

„Das ist unverantwortlich!“

Sie blieb standhaft. Wenn sie auch selbst nur mit einem flauen Gefühl im Magen zugestimmt hatte, so ließ sie sich doch nicht dreinreden. In allem anderen war Lina auch gezwungen, ihren Mann – besser: ihre Frau – zu stehen. Ungebetene Ratschläge, nur weil sie Witwe war und der eine oder andere meinte, sie bevormunden zu dürfen, gingen ihr gegen den Strich. Sie schuldete niemandem etwas und erzog

ihre Kinder nach eigenen Grundsätzen. Was Lina ihnen erlaubte und was nicht, gingen nur sie und die Mädchen etwas an. Daran sollten sich ruhig alle gewöhnen.
Warum sollte sie vor der Meinung von Leuten zurückweichen, denen ihr Schicksal ansonsten völlig gleichgültig war? Bei vielen steckte ohnehin nur die Lust dahinter, boshaft herum zu quatschen. Je mehr sie bedrängt wurde, desto standhafter blieb sie. „Ich habe es Hermine und Franz versprochen. Dabei bleibt es."
Eine Reise nach England war in diesen Tagen nicht ganz einfach zu organisieren. Man benötigte einen Reisepass und Visa, Zugfahrkarten, eine Ahnung davon, wie die Verbindungen liefen. Franz kümmerte sich um alles. Er gab Hermine sogar ein wenig Englischunterricht, damit sie Unterhaltungen wenigstens grob folgen konnte. Das fiel ihrer Ältesten nicht leicht. Trotzdem spielte sie mit. Franz hatte ihr derart von Cornwall vorgeschwärmt, dass sie die Reise zu einem eigenen Herzensanliegen hochstilisierte.
Am 3. Mai 1951 war es soweit. Gerührt nahmen Lina, Wilhelmine und die beiden Kleinen Abschied von Hermine. Vater Heimann begleitete sie und seinen Sohn zur Bahn.

Schon am selben Abend wurde Lina schmerzlich ihre Einsamkeit bewusst. Wilhelmine, die immer schon wortkarg gewesen war, wurde zusehends klappriger. Mit Julia und Katharina führte sie die Gespräche einer Mutter mit ihren sieben- und neunjährigen Kindern. Hermine war immerhin fast erwachsen, der Austausch mit ihr fand auf einem anderen Niveau statt. Wenn sie heimkehrte vom Turnverein oder von der Arbeit bei Girardet, hatte sie immer etwas zu erzählen. Ihre Älteste betrachtete auch ihre Aufgaben auf dem Anwesen mit einer gewissen Vernunft, war in der Lage, ein bestimmtes Verhalten des Viehs zu deuten, verstand die Gesetzmäßigkeiten des Ackerbaus. Einen solchen Gesprächspartner besaß Lina ansonsten nicht.

Am zweiten Abend nach der Abreise kam Vater Heimann zu ihr. Er schwenkte ein Telegramm in der Hand. „Sie sind wohlbehalten an Ort und Stelle eingetroffen“, verkündete er.

Eine gute Nachricht.

Ihr Besucher blieb noch eine Stunde, in der sie mutmaßten, was die Reisenden alles erleben würden. Sie bewirtete ihn mit Johannisbeerwein, den er lobte. Ein angenehmer Gesprächspartner. Dann war Lina wieder allein.

Nach einer Woche traf Post aus England ein. Unfassbar! Ein Brief aus solcher Ferne war heutzutage nur so kurz unterwegs!

Freudig riss Lina den Umschlag auf. Hermine schrieb, dass sie auf der Überfahrt schlimm mit Seekrankheit zu schaffen gehabt hätte. So arg, dass sie den anschließenden Besuch in London damit verbracht hatte, sich zusammenzureißen, um sich nicht an jeder Ecke zu übergeben. Frau Baranowski hatte sie kreuz und quer durch die Hauptstadt geschleift, ohne darauf Rücksicht zu nehmen. Aber, wie Lina Hermine kannte, hatte sie auch nichts über ihre Verfassung verlauten lassen, sondern die Übelkeit für sich behalten.

Glücklich über diese Nachricht, beantwortete Lina den Brief umgehend. Sie brachte zwischen den Zeilen zum Ausdruck, wie sehr sie unter ihrer Einsamkeit litt. Ansonsten wünschte sie den Reisenden weiterhin viele schöne Erlebnisse.

Am 22. Mai kehrte das Paar wohlbehalten heim. Sorgen hatte sich Lina zum Glück umsonst gemacht.
War das ein Geplapper!
Hermine schäumte über vor Wunderdingen, die sie gesehen hatte, allen voran das Meer und die Steilküste. Franz brachte Julia und Katharina ein riesiges Bilderbuch mit. Aufgeklappt bedeckte es die halbe Küchentischplatte. Darin waren wunderbare bunte Zeichnungen von Zwergen und Elfen abgebildet. Leider war das Buch auf Englisch abgefasst. Franz versprach den beiden, es für sie schriftlich zu übersetzen, damit sie es selbst lesen könnten. Einstweilen musste er ihnen den Inhalt frei erzählen.
Zu aller Überraschung verkündete Hermine, dass Misses – wie sie Frau Baranowski jetzt nannte –, bald nach Deutschland käme. Sie würde auch einen Besuch in der Schuirer Straße planen.
Lina machte sich gleich Gedanken darüber, ob ein so weitgereister Gast mit ihrer Küche zurechtkäme. Hermine beruhigte sie. So anders wäre die Kost in England nun auch wieder nicht. Und auf Minzsoße könne sie gut verzichten.
Minzsoße?
Was es nicht alles gab in der Welt!
Tatsächlich fuhr bereits im Juli ein Auto auf den Hof. Eine kleine, dralle Frau stieg hinter dem Lenkrad aus, von der Rückbank zwei Mädchen. Franz saß auf dem Beifahrersitz.

Er hatte die Besucher gleich von der Fängershofstraße aus hergelotst. Es war an ihm, zu dolmetschen.
Die jüngere Tochter von Misses, etwa so alt wie Julia, hieß Maud. Die Größere war ungefähr vier Jahre älter. Franz stellte sie als Jane vor. Julia und Katharina versuchten sich an den fremden Namen, genauso, wie sich die jungen Engländerinnen an den ihren ausprobierten. Gleich war das Gekicher groß.
Lina staunte, als Hermine Misses mit ein paar Brocken in der fremden Sprache begrüßte. Sie stellte fest, dass die englische Farmerin genauso herzlich mit ihrer Tochter umging, wie mit Franz. Lina wunderte sich über die rot lackierten Fingernägel der Frau und den rot geschminkten Mund.
Ob man in England in solchem Aufzug auch auf den Farmen arbeitete? Ging Frau Baranowski so in die Hühnerställe?
Hermine und Franz führten Misses über den Hof und zeigten ihr die bescheidene Landwirtschaft. Dann tranken sie Kaffee und die Farmerin lobte Linas Bienenstich – falls Franz das korrekt übersetzte und nicht nur höflich sein wollte. Nach drei Stunden verabschiedeten sie sich lachend voneinander. Auch wenn die Farmerin eine für Lina unverständliche Sprache sprach: Ihre Herzlichkeit hatte sie gespürt. Sie gestand sich ein, sich ein völlig anderes Bild von den Engländern gemacht zu haben. Die Bomberpiloten waren in ihrer Vorstellung grimmige Männer gewesen, skrupellos. Nur darauf bedacht, mit ihrer tödlichen Fracht größtmöglichen Schaden anzurichten. Ihre Frauen hatte sie sich als überhebliche Matronen vorgestellt, die ihre Männer gegen den Feind aufhetzten. Und nun war ihr diese kleine,

dralle Person begegnet, immer ein Lächeln auf den Lippen, allem gegenüber aufgeschlossen.
Lina seufzte. So war es wohl unter den Völkern bestellt. Wenn man sich nicht kannte, von der Politik gegeneinander aufgestachelt wurde, hegte man falsche Bilder voneinander. Allzu leicht folgten Krieg und Zerstörung. Der kleine Mann wollte das gar nicht. Er hatte nur das Beste für sich und seine Familie im Kopf. In Ruhe und Redlichkeit sein Leben fristen – das war sein Ansinnen. Dass etwas nicht stimmte an diesen Bedürfnissen, redeten ihm nur die Politiker ein. Und die verfolgten damit ganz eigene Ziele. Selbstsüchtige, größenwahnsinnige. Wenn er von den Parolen verführt wurde, konnte selbst der kleine Mann zur Bestie werden. Viel zu spät hatten die Deutschen erkannt, welch übles Spiel man mit ihnen getrieben hatte.
Würden sich die Völker häufiger begegnen, wäre es dann nicht besser bestellt auf der Erde? Würde sich der kleine Mann auf beiden Seiten besser kennenlernen: Herrschte dann nicht ein friedlicheres Miteinander? Würden dann die Großen und ihre falschen Ziele nicht entlarvt?
Im Nachhinein war Lina froh, Hermine die Reise nach England erlaubt zu haben. Ihr hatte die Begegnung mit den Ausländern bestimmt gut getan. Sie hatte zu unterscheiden gelernt zwischen dem Tiefflieger, der sie blindwütig beschossen hatte, und dem Volk, von dem behauptet worden war, es wäre der Feind. So begegnete sie zukünftig der Welt vielleicht offener, als es ihr, Lina, vergönnt gewesen war.
Ein wenig Wehmut tröpfelte aber doch in die Zufriedenheit über ihre Entscheidung. Hermine hatte die Freiheit geschmeckt, das Loslösen von ihrem Zuhause. Von nun an

würde sie selbstbewusster eigene Wege gehen, sich von der Mutter abnabeln. Das lag in der Natur der Dinge, soweit war sich Lina im Klaren.

Aber es schmerzte doch. Zu Ende gedacht bedeutete das für sie die Einsamkeit, die sie nach Hermines Abreise so bitter gespürt hatte.

Abschiede

Gegen Ende des Jahres erlitt Wilhelmine einen Schlaganfall. Zuerst wurde ihr Mund ganz schief, dann kippte sie im Sessel zur Seite. Über Weihnachten und die Jahreswende lag sie im Bett, eher tot als lebendig. Sie musste gewaschen werden und gefüttert, in jeder Beziehung gepflegt und umsorgt. Wieder stand Lina allein mit allem da – gelegentlich half ihr Hermine beim Füttern. Auch Martha machte sich schon mal nützlich. Am 19. Januar 1952 verstarb Wilhelmine neunzigjährig. Sie tat einen letzten tiefen Atemzug – dann entspannten sich ihre Gesichtszüge und ihr Todeskampf fand ein Ende.

Lina hatte an ihrer Schwiegermutter gehangen, der ruhigen Frau, die bis zuletzt täglich bis ans Ende ihrer Kräfte gegangen war, um nicht zur Last zu fallen. Manchen Handgriff hatte ihr Wilhelmine selbst im hohen Alter noch abgenommen. Nie hatte sie über etwas geklagt, ihr Päckchen still und ergeben getragen. Nun war sie erlöst von ihrem arbeitsreichen Erdendasein. Lina erwischte sich häufig bei dem Gedanken, dass es gut so für Wilhelmine war.

Die Beerdigung fand unter reger Teilnahme der Verwandten und der Nachbarschaft statt. Die anschließende Raue wurde in der Schuirer Straße ausgerichtet. Das Haus platzte wieder einmal aus allen Nähten. Viele die sich verabschiedeten versprachen, im Frühjahr helfen zu kommen. Als der März die ersten warmen Tage brachte, war von diesen warmen Worten nicht mehr viel übrig. Leicht führten die

Menschen solche Versprechen im Mund – Verlass war auf die Wenigsten.
Wilhelmines Tod brachte für Lina neue Probleme. Als sie ein Schreiben vom Nachlassgericht erhielt, beriet sie sich mit Johann Lehnhoff. Der ließ sich von ihr zunächst die Urkunde von 1934 zeigen, in der Karl als Erbe eingetragen war.
Johann kratzte sich am Kopf. „Oh Lina, das wird dich eine Stange Geld kosten."
Sie wollte ihm nicht glauben. „Warum? Was habe ich mit dem Schrieb da zu tun?"
„Karl ist verstorben und du hast sein Erbe angetreten. Nicht nur du, auch die Kinder. Das nennt man gesetzliche Erbfolge."
„Und?"
„Zunächst wirst du an Karls Stelle seine Verpflichtungen übernehmen müssen. Wilhelmine ist tot, du hast sie bis zum Schluss in deinem Haushalt mitversorgt. Das ist die eine Seite der damaligen Vereinbarung. Die ist erfüllt. Jetzt musst du aber binnen sechs Monaten Karls Geschwister auszahlen. Jeder erhält innerhalb dieser Frist zweihundert Mark von dir. Das ist die andere Seite."
„Zweihundert Mark? Jeder? Ist das ein schlechter Witz?"
„Nein, leider nicht. So wurde das in der Urkunde von 1934 zwischen Karl und Wilhelmine geregelt."
Lina schwindelte. Durfte das wahr sein? War sie mit dem allen hier nicht schon mehr als ausgelastet? Wo sollte sie so viel Geld hernehmen? Fassungslos fragte sie Johann, was zu tun sein.

„Ich würde mal mit Karls Geschwistern reden. Vielleicht stunden sie dir die Auszahlung. Vielleicht leiht dir auch jemand von ihnen Geld, um die anderen zu befriedigen."
„Die sind doch alle arm wie die Kirchenmäuse. Sag mir mal, wer von denen was auf der hohen Kante haben sollte. Martha vielleicht? Oder Hedwig? Die haben doch selber gerade so viel, dass sie über die Runden kommen. Das gilt für alle übrigen genauso. Wenn überhaupt, kann ich sie höchstens fragen, ob ich das Geld bei ihnen abstottern darf."
„Wenn sich jemand darauf einlässt, dann mach das unbedingt schriftlich. Seid ihr noch Freunde oder habt ihr schon geerbt? – leider liegt in diesem Spruch ein Fünkchen Wahrheit."

Lina klapperte Karls Geschwister ab – vergeblich. In diesen Zeiten brauchte jeder Geld. Es war ja auch wieder etwas wert. Ein warmer Regen im Portemonnaie: Niemand war bereit, darauf zu verzichten.
Teilweise verliefen ihre Gespräche recht unerfreulich. Das Geld stünde ihnen schließlich zu. Lange genug hätten sie gewartet. Das war einer der Kommentare, den sie erntete. Die anderen dachten zumindest so – das spürte sie genau. Dass nun sie, die Angeheiratete, das Erbe in der Schuirer Straße antreten würde, fuchste Karls Geschwister offenbar. Bei einer Tochter von Karls verstorbener Schwester hatte sie bald den Eindruck, die Bedachte war Wilhelmine regelrecht böse dafür, dass sie so alt geworden war.
Lina kratze alles zusammen, was sie je gespart hatte. Zweihundertsieben Mark kamen beim Kassensturz herum.

Tausend Mark fehlten. Verzweifelt fragte sie Johann, wie sie an so viel Geld kommen sollte.

„Du wirst das Grundstück mit einer Hypothek belasten müssen."

„Wer würde das mitmachen?"

„Ich schlage vor, es bei einem Privatmann zu versuchen. Vielleicht kommt man dir beim Zins entgegen. Wenn du erlaubst, höre ich mich für dich um."

Johann fand einen Bauern im Haarzopf benachbarten Roßkothen, der sich auf das Geschäft einließ. Ein Vertrag wurde aufgesetzt, in dem die Modalitäten für die Rückzahlung geregelt wurden, und eines Tages hielt Lina tausend Mark in bar in der Hand. So einen Haufen Geld hatte sie noch nie gesehen. Drei Tage später war er ihr durch die Finger geronnen. Dankbarkeit für die Auszahlung hatte sie nur in zwei Gesichtern gesehen.

Nun lastete zusätzlich der Zwang auf ihr, das, was sie in der Landwirtschaft erarbeitete, zu Geld machen zu müssen. Sie war kein Kaufmann und wurde manches Mal übers Ohr gehauen. Nur mit Mühe sparte sie die erste Rate zusammen, brachte sie bei ihrem Geldgeber mit den fälligen Zinsen vorbei. Der Bauer quittierte den Empfang und wünschte ihr Glück beim weiteren Abstottern.

Franz kam Hermine häufig besuchen. Die beiden leisteten Lina Gesellschaft. Dafür war sie dankbar. Auch die Eltern des Jungen kamen gelegentlich vorbei, wie auch sie ab und zu in die Fängershofstraße eingeladen wurde. Das waren angenehme Ablenkungen vom Alltag, die sie ein wenig

aufmunterten. Julia und Katharina waren aus dem Gröbsten heraus – man konnte sie durchaus alleine lassen. Außerdem übernahmen sie zusätzliche Arbeiten, wenn sie aus der Schule kamen. Eine kleine Entlastung – wenigstens das.
Irgendwann im Laufe des Jahres traf die Nachricht ein, dass Misses Baranowski an Krebs verstorben war. Auch diese freundliche Frau, die Franz so viel Gutes erwiesen hatte, war nicht vom Schicksal verschont geblieben. Ihre Kinder hätten sie noch gebraucht, ihr Mann sowieso.
Warum traf es die Gutmütigen, Selbstlosen, wo es doch so viele Stinkstiefel auf der Welt gab?
Ein unlösbares Rätsel. Nur Gott selbst konnte wissen, was er damit bezweckte. Ein Urteil darüber stand den Menschen nicht zu. Ein schwacher Trost, eher gar keiner. Jedenfalls war Franz aufrichtig traurig über das frühe Ableben seiner Gönnerin. Als er Lina und Hermine davon erzählte, bekam er sogar feuchte Augen.
Trotz der finanziellen Knappheit versäumte sie nicht, Karl zu seinem fünfzigsten Geburtstag im Dezember ein besonders schönes Kranzgebinde aufs Grab zu legen. Zusammen mit den Kindern schaffte sie es auf den Friedhof. Lina dachte an das Fest, das dieser Tag im Hause Schuirer Straße bedeutet hätte. Sie nahm sich stattdessen vor, ihren eigenen Geburtstag in drei Jahren groß zu feiern. Wenigstens etwas, das ihr gehören sollte, etwas, auf das es hinzuarbeiten lohnte.

Das Jahr 1953 brachte Krankheit ins Haus. Zu Beginn der Sommerferien fing sich Katharina Scharlach ein. Wieder sie, die Jüngste.

Ende August erkrankte Lina selbst. Eine hartnäckige Magenschleimhautentzündung. Der Arzt riet ihr, mehr Ruhe zu halten. Daran hielt sie sich nur, wenn es nicht mehr ging. Aber sie war deutlich geschwächt und nahm in dieser Zeit etliche Pfund ab. Die meiste Arbeit blieb an Hermine hängen.

Im Oktober, gerade etwas vom Scharlach erholt, wurde Katharina erneut krank. Sie klagte zunächst über Kopfschmerzen, dann bekam sie Fieber. Nichts, wofür man einen Arzt rief. Erst, als das Fieber über vierzig Grad anstieg und Katharina anfing, zu phantasieren, schien es Lina ratsam, sie untersuchen zu lassen.

Diesmal hatte sich ihre Jüngste mit Typhus infiziert. Dr. Feind sprach davon, dass in der Umgebung weitere Fälle bekannt geworden seien. Er vermutete, dass die Erreger in Schlachtabfällen entstanden waren, die in der Nähe der Schuirer Straße im großen Stil abgekippt wurden.

Wieder musste Katharina ins Krankenhaus gebracht werden, diesmal ins Huyssenstift. Wochenlang blieb sie dort. Als es ihr bereits besser zu gehen schien, erlitt sie einen Rückfall. Lina wurden die Nächte zur Qual. Selbst kaum wieder auf den Beinen, machte sie sich große Sorgen um Katharina. Sie hatte auch Mitleid mit dem Mädchen. Erst der Scharlach, dann das. So lange musste sie in fremder Umgebung mit fremden Menschen aushalten.

Wann es eben ging, besuchte Lina Katharina und tröstete sie. Zeit, die sie eigentlich gar nicht besaß. Aber die Kinder gingen nun einmal vor. Ein Segen, dass sich Julia nicht angesteckt hatte. Sie war putzmunter.

In diesen Jahren gingen etliche Todesnachrichten im Haus ein. Onkel Wilhelm, Schwager Fritz, ihre Freundin Anette. Sie hatte Zwillinge unter dem Herzen getragen. Der ausgelaugte Körper der Mutter hatte die Strapazen nicht überstanden. Die Vergänglichkeit des Lebens war allgegenwärtig. Aber niemand musste so früh gehen, wie Karl. Mit Ausnahme von Anette trugen die Verstorbenen vorne alle mindestens eine Sieben in der Altersangabe.
Jede Todesnachricht wühlte Lina aufs Neue auf, weckte in ihr die düsteren Erinnerungen an den tragischen Schuss. Sie hätten miteinander alt werden sollen, Karl und sie. Er wäre weiter seiner Arbeit nachgegangen, hätte für ein geregeltes Einkommen gesorgt. Ein nennenswertes, nicht so ein Almosen vom Staat, das hinten und vorne nicht reichte. Ganz schwermütig wurde sie über diese Gedanken, versank tagelang in Grübeleien, so dass sie kaum merkte, was sie arbeitete. Manchmal sah sie des Abends vom Acker auf und war ganz überrascht, wie viel sie geschafft hatte. Die Routine machte sie zur ausdauernden Arbeiterin.
Dann wiederum sah sie ihren beiden Jüngsten zu, wie sie aufwuchsen, wie sie unbeschwerte Stunden im Spiel verbrachten. Sie kannten ihre Schicksale noch nicht, standen am Anfang ihres Lebens, waren neugierig auf alles. Ihre Gefühle waren noch nicht gedämpft durch die Disziplin, die sich Erwachsene auferlegten und die sie ihnen beizubringen versuchte. Bisher nicht zu ihrer Zufriedenheit. Julia und

Katharina tobten, lachten, zankten, lebten ihre Wut aus. Der Dämpfer der Disziplin, des sich Zusammenreißens, bestimmte das Ausleben ihrer Gefühlswelt nur wenig. Eigentlich nur, wenn sie sich durch die Mutter beobachtet wussten.

Wie gerne hätte sich Lina selbst in düsteren Stimmungen gehen lassen, sich in die Ecke gesetzt, herausgeweint, was ihr die Seele schwer machte. Allein, sie war so nicht erzogen worden. Sie war verdammt dazu, Vorbild für ihre Kinder zu sein. Gefühle wurden ertränkt in Arbeit – so war es ihr eingebläut worden.

„Man soll nicht klagen, wo man keine Not hat."

Allzu gerne hätte sie manchmal ihr Schicksal beklagt. Sie brachte es nicht fertig. Ihre Erziehung lag wie ein Sargdeckel über ihren Gefühlen.

Der Besuch

Lydia und Martha waren nach der Fernsehshow ins Bett gegangen. Sie verbrachten noch den Sonntag miteinander, dann den Montag. Das Aufeinanderhocken konnte erfahrungsgemäß nicht mehr lange gutgehen. Keine von ihnen war solche Enge gewohnt. Schließlich waren sie beide lange Witwen und lebten alleine.

Beim Mittagessen am Dienstag brach Streit zwischen ihnen aus.

Argwöhnisch beobachtet Lydia die Kartoffeln auf dem Herd.

„Bei uns auf der Heimaterde kochen die Erpels[35] schneller."

„Wat kalls dou do?[36] Erpels kochen so lange, wie Erpels eben kochen. Hier wie überall."

„Ich glaube, wir haben auf der Heimaterde besseren Strom."

„Warum solltet ihr besseren Strom haben, als wir hier in Haarzopf?"

„Ist eben weiter draußen, die Schuirer Straße."

Martha raunte etwas Unverständliches. Der unfreundliche Ton des Gesagten war trotzdem deutlich zu hören. Sie rührte im Topf mit den Erbsen und Möhren herum.

Lydia ließ nicht locker. „Bei uns würden sie schon lange kochen. Das geht ratz fatz."

---

[35] Kartoffeln

[36] Was sagst du da?

Aus war es mit Marthas Beherrschung. „Kall nee ssoa en dom Tüüch!“[37]
„Doch. Glaub es mir!“
Von nun an herrschte zwischen den Schwestern zwieträchtiges Schweigen. Gesprächslos nahmen sie ihr Mittagessen ein, das doch endlich gekocht hatte.
„Es wird Zeit für mich, zu gehen“, merkte Lydia an.
„Dann geh doch“, pampte Martha.
„Tu ich auch“, verkündete Lydia.
Sie stand auf und packte ihre Siebensachen zusammen. Wutschnaubend stampfte sie durch die Tür.
„Tschüss!“
„Tschüss. Ist ja auch alles gesagt!“
Erst, als Lydia Erbach erreichte, legte sich ihre Wut etwas. Warum stritt sie mit ihrer Schwester immer noch so wie in Kindertagen herum? Ein wenig musste Lydia jetzt darüber lächeln.
Während sie die leichte Anhöhe zur Heimaterden hinaufschlich, wälzte sie Gedanken an die vielen Verstorbenen, die sie und Martha als letzte der Geschwister überlebt hatten. Wer wusste schon, wen von ihnen beiden es als nächsten traf. Dann blieb einer übrig. Einer allein.
Durfte man da im Streit auseinandergehen? Welche Erinnerung würde man dann an den letzten Abschied haben? Vielleicht sogar ein schlechtes Gewissen?
Ach was! Sie brauchte jetzt Abstand zu ihrem Vaterhaus!

[37] Sag nicht so ein dummes Zeug

Die letzten Jahre

Selten genug gab es helle Momente in Linas Leben. Stunden, in denen sie den Würgegriff ihrer Pflichten nicht so stark spürte wie sonst.
Ein solcher wurde ihr fünfzigster Geburtstag, einen Tag vor Silvester des Jahres 1955. Karls Geschwister erschienen allesamt mit ihren Familien, aus Eimelrod reiste Vater Christian mit Walter an. Fritz, Heinrich und Wilhelm mit ihren Familien kamen auch, Tante brachte Willi und seine Frau mit. Über Jahre hatte Lina für diesen Tag Johannisbeerwein gekeltert, der in Strömen floss. Es wurde viel gesungen, an alte Zeiten erinnert. Jeder hatte etwas Besonderes erlebt und brachte es zum Besten. Je nach Temperament eher kurz und knapp oder wortreich schwadronierend. Lina fühlte sich geehrt von so viel Anteilnahme. Diese Menschen hielten sie auf der Welt fest, zeigten ihr, dass sie ihnen etwas bedeutete. Im Alltag ging das nur zu leicht unter. Als der letzte Gast gegangen war, sank sie zufrieden ins Bett. Dieser Tag hätte Karl gefallen.
Im Juni 1956 verlobten sich Hermine und Franz, der mittlerweile seine Schul- und Berufsausbildung hinter sich gebracht hatte. Er würde wie sein Vater bei der Eisenbahn arbeiten, als Beamter. Um ihre Älteste musste sie sich also keine schweren Gedanken mehr machen. Für ihr Auskommen war gesorgt. Allerdings bedeutete die Verlobung auch, dass Hermine demnächst heiraten würde. Lina musste davon ausgehen, dass sie zu den Schwiegereltern in die Fängershofstraße zog, zwar nicht weit entfernt von ihr, aber

doch von Tisch und Landwirtschaft getrennt. Hermine hatte ihr versprochen, weiter zu helfen, doch die Situation wäre eine andere. Im eigenen Haushalt mit ihr zu leben bedeutete, dass alles Hand in Hand ging, sich eine selbstverständliche Arbeitsgemeinschaft einstellte. Die würde dann so nicht mehr bestehen. Sie würde um Hilfe bitten müssen, etwas, das ihr überhaupt nicht lag.

Die Verlobung wurde in der Schuirer Straße gefeiert. Zwei befreundete junge Paare der frisch Verlobten waren eingeladen, zwei Tanten von Franz und seine Eltern. Ein Bekannter von Franz hatte Tischkarten gezeichnet, auf der jeder einzelne Gast karikiert wurde. Die Köpfe waren aus Fotos ausgeschnitten und aufgeklebt. Sie lachten zusammen herzlich über die gelungenen Bilder. Vater Heimann am meisten. Er war dargestellt, wie er die Hühner fütterte.

Es wurde eine lustige Feier, auf der reichlich Alkohol getrunken wurde, vor allem Ananasbowle. Hermine hatte sie in dem alten Bowlengefäß aus Keramik angesetzt, dessen Deckel von einer Burg gekrönt wurde. Lina erlaubte zur Feier des Tages auch Julia und Katharina, davon zu trinken. Schnell hatten beide einen kleinen Schwips.

Eine Freundin des Verlobungspaars hatte lange Fingernägel, leuchtendrot lackiert. Sie erinnerten Lina an die von Frau Baranowski, waren jedoch viel länger als die der Farmerin. Die junge Frau war vernarrt in das Schwein, das ihr seinen Rüssel neugierig aus seinem Verschlag entgegenstreckte. Nie würde Lina vergessen, wie die junge Frau ihre roten Fingernägel in die Nasenlöcher des Schweins steckte und es dort kraulte. Dem Tier schien es zu gefallen.

Ausgelassen sangen die jungen Leute, tanzten gar in der Enge der Stube. Als der Hof längst im Dunkeln lag, gingen sie zusammen hinaus. Franz stellte eine Kamera auf ein Stativ und montierte ein Blitzgerät. Sie machten mehrere Fotos mit Selbstauslöser. Franz meinte, man wisse nie genau, was dabei herauskam. Daher die vielen Wiederholungen. Von Foto zu Foto wurden die jungen Leute immer ausgelassener und ergingen sich in Faxen.
Schön war es, jung zu sein. Lina hatte solche Ausgelassenheit als junge Frau selten erlebt. Höchstens auf Hochzeiten.

Im kommenden Winter spürte Lina das erste Mal, dass etwas mit ihr nicht stimmte. Sie ermüdete schneller, als es sonst der Fall gewesen war. Auch stimmte etwas mit ihrer Verdauung nicht.
Lag es am Alter?
Schließlich trug sie vorne eine Fünf mit sich herum.
Oder hatte sie sich einen Infekt zugezogen?
Gewohnt, sich anderen nicht anzuvertrauen, überspielte sie ihren Zustand. Das würde sich schon geben.
Es gab sich nicht. Das Bestellen der Felder in diesem Frühjahr zehrte an ihr wie nie. Ging sie geschafft ins Haus zurück, war sie kaum zu etwas Weiterem fähig. Ihre Älteste und die Kleinen sprangen immer häufiger für sie ein. Als Hermine sie fragte, warum sie so blass sei, antwortete ihr Lina ausweichend. Sie wurde gebraucht. Zwei ihrer Kinder waren noch unmündig. Die Hypothek war noch nicht abbezahlt. Lina konnte es sich nicht leisten, sich gehen zu lassen.

Eines Morgens entdeckte sie Blut in ihrem Stuhl. Auch das würde sich geben, redete sie sich ein, besorgte weiter, was zu besorgen war.

Auch das gab sich nicht. Immer häufiger bemerkte sie Unregelmäßigkeiten ihrer Verdauung. Dann befielen Lina plötzlich krampfartige Schmerzen im Unterbauch. Schwerlich konnte sie sich weiter einreden, es würde schon alles von selbst wieder in Ordnung kommen. Denn das musste es. Etwas anderes durfte sie sich nicht erlauben.

Sie ging zu Dr. Feind, und ließ sich ein Mittel gegen Leibschmerzen, eines gegen Verdauungsstörungen geben. Vom Blut im Stuhl sagte sie nichts. Ärzte übertrieben alles so gerne. Mit den Mittelchen würde es ihr bald besser gehen.

Die Medikamente brachten nur leichte Linderung. Unter Ächzen schaffte Lina im Herbst die Ernte unters Dach.

Die immer häufigeren Fragen von Hermine nach ihrer Gesundheit, wischte sie nur noch energisch mit dem Arm weg. „Lass mich. Ich werde halt älter. Kümmere dich um deinen Kram."

Ende November gab ihr Körper endgültig auf. Sie brach mitten in der Küche beim Kochen zusammen. Katharina lief zu einem Nachbarn, um Dr. Feind anzurufen. Ein eigenes Telefon besaßen die Wenigsten.

Der herbeigeeilte Arzt wies Lina sofort ins Krankenhaus ein. Dort wurde sie das erste Mal richtig untersucht. Die Diagnose verschwieg man ihr, wie es damals noch üblich war: Darmkrebs, Endstadium, unheilbar.

Ihre letzten Tage verbrachte Lina mit fünf weiteren Frauen in einem großen Krankenzimmer. Es ging ihr nicht schlecht. Die Medikamente, die man ihr einflößte, schienen zu wirken. Bald, so glaubte sie, würde sie nach Hause entlassen.

Hermine und Franz kamen zu Besuch. Sie machten ernste Gesichter.

Warum?

Hier wurde ihr geholfen, das spürte Lina. Es bestand kein Grund zur Sorge. Sie lag auf weißem Leinen, bei allem half man ihr, es gab regelmäßige Mahlzeiten. Gut, es schmeckte nicht wie zu Hause. Sie besaß auch keinen rechten Appetit. Vielleicht lag es daran.

Oft starrte Lina nur an die weiße Decke. Im ganzen Leben hatte sie sich noch nie in einem so tatenlosen Zustand befunden. Es war gar nicht schlecht, sich mal ausruhen zu dürfen. An nichts denken, nichts versorgen, nichts arbeiten. Einfach daliegen, den Kopf frei machen, dösen. Vielleicht wurde sie dadurch sogar wieder gesund.

In der Nacht auf den 8. Dezember wurde Lina von Träumen geplagt. Sie ging im Schnee nach Adorf. Dort wartete allerdings nicht ihr Dienstherr auf sie, sondern der Pole, der Karl erschossen hatte. Plötzlich fuhr der Mann herum und zielte auf einen Schatten. Ein Schuss dröhnte in ihrem Kopf. Aus dem Schatten heraus fiel Karl vor ihre Füße. So, wie er vor ihr auf dem Hof gelegen hatte. Der Pole lachte laut auf und verschwand.

Ihr Vater trat neben sie. Sie hatte seine Anwesenheit bisher nicht bemerkt. Er trug Karls Leiche ins Schlafzimmer und legte sie neben die ihrer Mutter Henriette. Lina fand sich im

Kreis ihrer Geschwister ums Bett wieder. Auch Hermine entdeckte sie in der Reihe. Vater Christian hielt Julia und Katharina an den Händen.
Als sie wieder aufs Bett sah, war die Leiche ihrer Mutter verschwunden. Eine andere Frau lag an ihrer Stelle neben Karl. Lina erschrak. Sie schaute in ihr eigenes Gesicht.
Dann wurde alles hell um Lina. Das gleißende Weiß erschien ihr wie ein Ruf, saugte sie in sich auf. Sie spürte einen tiefen Frieden.

Am 8. Dezember 1957 um sechs Uhr in der Früh, verstarb Lina. Das Pendel ihres Lebens wurde angehalten in dem Monat, in dem sie zweiundfünfzig Jahre alt geworden wäre. Ihre Erdenminute hat sie nicht voll machen dürfen.
Als der Tod nach ihr griff, war Lina allein. Die Polizei überbrachte die Nachricht von ihrem Ableben ihren Kindern in der Schuirer Straße.
Linas Traum, einmal mit eigenen Augen die Berge zu sehen, wurde ihr nie erfüllt.

Epilog: Das Haus erzählt

Ja, die Lina.

Ihr halbes Leben habe ich ihr ein Heim geboten, ihr drittes und letztes. Bin während dieser Zeit mit ihr gegangen, habe sie behütet, wenn sie nach bewältigtem Tagwerk ihren vor Müdigkeit schweren Kopf aufs Kissen legte, habe sie des Morgens empfangen, wenn sie sich zum neuen Tagwerk erhob.

Hinter Lina lag ein Leben voller Arbeit, voller Aufopferung. Durch ihre Erziehung und den Tod ihrer Mutter früh in die Pflicht genommen, vermochte sie lebenslang nicht, diese abzustreifen. Stets gab es etwas, das sie aufforderte, sich darum zu kümmern. Der tragische Tod ihres Mannes Karl legte ihr zusätzlich die alleinige Verantwortung für Haus, Hof und die Kinder auf die Schultern. Sogar die für ihre greise Schwiegermutter Wilhelmine.

Zurückblickend haben wir viel gemeinsam, Lina und ich. Unsere Fundamente stehen fest auf der Erde, sind am Ort unseres Daseins mit ihr verwurzelt. Wir trotzen den Stürmen, die uns ins Wanken bringen, tragen Blessuren davon. Manchmal möchten wir aufgeben, aber dann geht es doch irgendwie weiter.

Etwas unterscheidet Lina und mich. Mir ist es nicht gegeben, über mein Schicksal zu entscheiden. Das übernehmen Bauherren und Bewohner für mich. Bei einem Menschen ist das natürlich anders. Je nach Temperament macht er sich klein, lässt sich treiben, oder er tritt kämpferisch für seine Belange ein. Beide Temperamente habe ich über die

Jahrzehnte beobachten dürfen, sie zu unterschiedlichen Anteilen in den Seelen meiner Bewohner vorgefunden.
Bei Lina überwog das Getriebene. Sie wurde von ihrem Leben gelebt, regelrecht aufgezehrt, besaß wenig Einfluss darauf. Sie hat während ihres Erdendaseins nur zwei wesentliche Weichenstellungen getroffen, kaum selbst ihren eigenen Weg bestimmt. Eine davon war Linas Übersiedelung nach Essen. Selbst die war im Grunde von ihrer Tante eingefädelt worden. Sie wurde überredet. Und ein wenig geschubst.
Bei der Wahl ihres Mannes hat Lina dagegen wirklich frei entschieden. Das war längst nicht bei allen Frauen so, die in mir wohnten. Karl war ihr Glück. Ich kannte ihn länger als seine Frau, von Kindesbeinen an. Den schlaksigen Jungen ebenso, wie den tatkräftigen jungen Mann.
Doch das ist eine andere Geschichte. Wie ich viele Geschichten über die Menschen zu erzählen hätte, denen ich Obdach gewähren durfte.
Mach es gut, Lina!
Wo immer du bist!

Anmerkungen des Autors

Die Literatur steckt voller starker, selbstbewusster Frauen, die im letzten Jahrhundert gegen Freiheitsbeschneidung und Diskriminierung angekämpft haben, und ihren eigenen Weg gegangen sind. Wie etwa Ärztinnen, Unternehmerinnen, Abenteurerinnen. Keine Hürde zu hoch, kein Widerstand zu stark. Bei der Ausgestaltung solcher Figuren ergeben sich für den Autor dankbare Konfliktsituationen, die unterhaltsam oder tragisch – je nach Intention – vorm Leser ausgebreitet werden können.

Nach einer literarischen Figur dieser Art habe ich nicht gesucht. Ich bin überzeugt, in der historischen Wirklichkeit von Frauen herrschten mehrheitlich andere Bedingungen. Diese wollte ich nachzeichnen, auch, um sie selbst besser zu verstehen.

Wie geht eine Frau durchs Leben, die in einer traditionellen Rolle groß wird und sich gegebenen Autoritäten beugt? Was sind ihre Gedanken? Wie handelt sie? Welchen Lebensentwürfen folgt sie?

Ich stieß auf Lina Meier, meine Großmutter mütterlicherseits. Leider ist sie bereits vor meiner Geburt verstorben. Immer wieder war in der Familie die Rede von ihrem schweren, sorgenreichen Leben. Ich habe mir meine Großmutter als Protagonistin ausgeliehen, ihr Handlungsweisen, Gefühle und Gedanken unterstellt. Sollte ich stellenweise danebenliegen mit meiner Einschätzung, möge mir meine Großmutter verzeihen. Die literarische Lina Meier ist somit auf keinen Fall eine biografische Person.

Indem ich versucht habe, meiner Großmutter eine Stimme zu verleihen, bin ich in meinem Verständnis an Grenzen gestoßen. Es wäre leicht gewesen, Lina aus einer heutigen, abgeklärten, medial bestversorgten, überlegenen Perspektive zu begegnen. Daraus wäre ein anderes Buch entstanden. Ich wollte mich in meine Protagonistin hineinversetzen, ihr eine Stimme geben, die ihrem Aufwachsen und Lebensweg entspricht. Ohne zu kommentieren, ohne es „besser zu wissen". Dabei habe ich feststellen müssen, wie schwer es fällt, unseren eigenen Horizont an die Seite zu stellen. Doch nur so konnte ich meine Roman-Idee verwirklichen: Ein Frauenleben nicht aus Sicht einer Heldinnenperspektive zu schildern, sondern wie es der historischen Zeit entspricht. Ich habe mich bemüht, die Verhältnisse so authentisch wie möglich nachzuzeichnen. Jeder Tag forderte den Frauen ab, sich den in ihrem Umfeld herrschenden Bedingungen zu stellen. Sie waren Heldinnen des Alltags im allerbesten Sinne.

Die beiden Schwestern meines Großvaters Karl, deren Besuch die Handlungsstränge mit Lina unterbricht, habe ich im Gegensatz zu meiner Großmutter als Kind kennenlernen dürfen. Zwei in ihrer natürlichen Drolligkeit liebenswerte alte Damen. Sie sind so ins Buch eingeflossen, wie ich sie erlebt habe, mit Anekdoten, die heute noch in der Familie kolportiert werden. Saßen die beiden Schwestern am Kaffeetisch und erzählten, habe ich als Kind aufmerksam zugehört, denn ich liebte ihre Art zu sprechen, gespickt mit Ausdrücken, die sich in meinen Ohren lustig anhörten. Ihre Mundart habe ich allerdings nie gelernt.

Lydia und Martha bilden einen literarischen Gegenpol zu Lina. Aufgewachsen in derselben Zeit und unter ähnlichen Bedingungen, haben sie ein hohes Alter erreicht. Sie treffen sich im Roman im April 1975. Wie schon das Haus zu Beginn des Romans erzählt, habe ich mir meine Großmutter zusammen mit ihnen am Kaffeetisch sitzend vorgestellt. Losgelöst von den Alltagssorgen, nicht ganz im Geist der 70er angekommen, den „Wundern" der Technik eher gefühlsmäßig begegnend, die Jahre der harten Arbeit hinter sich.

Leser*in bitte ich, auf dem Stadtplan von Essen Haarzopf nicht nach der Schuirer Straße oder einem bestimmten Haus zu suchen. Auf Wunsch der Familie habe ich seine wirkliche Adresse verändert, ebenso den Familiennamen und die Vornamen einiger Protagonist*innen. Ich bin überzeugt, für die Handlung des Romans ist das nicht schädlich.

Es gilt Dank zu sagen. Zunächst allen, die durch ihre Erinnerungen, alte Bilder und Dokumente zum Entstehen des Buches beigetragen haben. Ferner sei Marianne Wiens aus Eimelrod Dank gesagt, die den ersten Entwurf des Romans quergelesen hat, wie auch meiner Frau Liane, der ich ebenfalls fürs Korrekturlesen danke.

Meinem Mölmsch Platt hat F. Wilhelm von Gehlen aus Mülheim Saarn auf die Sprünge geholfen. Was ich aus Kindertagen im Ohr hatte, entsprach wahrscheinlich nicht dem O-Ton. Herrn von Gehlen danke ich für die fachkundige Übertragung.

Nicht zuletzt gilt es Ihnen als Leser*in zu danken. Sie haben mit Lina gelebt und gefühlt. Vielleicht ist es Ihnen dabei wie mir ergangen: Das Verständnis für Frauengenerationen, die sich einem tradierten Frauenbild untergeordnet haben, ist bei Ihnen gewachsen.

Essen im Mai 2023, Klaus Heimann

Anhang

Zum Schluss soll Lina Meier selbst zu Wort kommen. Von ihr sind einige Briefe erhalten. Einer von ihnen, an ihr Vaterhaus in Eimelrod gerichtet, sei an dieser Stelle exemplarisch abgedruckt. Er trägt das Datum 1. November 53 und ist in Linas gleichmäßiger, geübten Sütterlinschrift geschrieben. Die damals übliche Rechtschreibung wurde an dieser Stelle beibehalten.

Muß doch endlich mal das lange Schweigen brechen. Woche um Woche vergeht, aber weder Brief noch Karte verirrt sich nach hier. Von Tante hörte ich, daß das Körbchen mit Obst welches ich zu Vaters Geburtstag schickte, gut dort angekommen sei. Von Frau Mühlenbeck erfuhr ich, daß dort noch alles gesund ist. Das ist ja die Hauptsache, ja es ist der größte Reichtum … Von Willi wußtet Ihr ja, daß ich Ende August schwer krank war. Unsere Katharina *liegt nun schon, nachdem sie die langen Ferien hindurch an Scharlach hier gelegen hat, in die 6 te Woche an Typhus im Huyssenstift. Vor etwa 14 Tagen bekam sie, als sie bereits gut auf der Besserung war, einen Rückfall. Das Fieber stieg wieder bis zu 40°. Heute Morgen war ich im Krankenhaus. Sie war sehr munter. Ihre größte Freude war, sie durfte nun zum Spülstein gehen und sich dort waschen. Fünf negative Abstriche müssen sein, ehe sie mal entlassen wird. Hoffentlich kommt nun nichts mehr dazwischen. Ihr könnt Euch denken, daß ich schwere Tage und Nächte hinter mir habe. Es ist oft bitter, wenn einem im Leben nichts erspart bleibt. Mir geht es Gott sei Dank wieder gut. D. h. die 14 ℔*[38] *die*

[38] Pfund-Zeichen

ich abgenommen hatte, sind noch nicht wieder aufgeholt. Aber ich kann wieder schaffen und das ist gut. Hermine ist seit Anfang Sept. wieder bei Girardet. Durch das schöne Herbstwetter kam man draußen gut voran. Vorige Woche haben wir die letzten Runkeln hereingeholt. Nun allerdings noch der große Garten. Karls Bruder kommt oft und hilft mir. Die Runkeln waren außergewöhnlich gut. Auch die Kartoffeln. Nur eine Sorte hat versagt. Das lag aber an den Pflänzern. Hätte mal gerne 1 – 2 Sack Pflanzkartoffeln aus dem dortigen Boden gehabt. Aber der Transport ist wohl die große Frage dabei. Vielleicht würde es passen wenn Tantes Sachen nach hier geschafft werden. Seht mal zu. Wie weit seid Ihr denn mit dem bauen? Seid sicher froh wenn mal alles vorbei ist. Nun möchte ich Euch noch daran erinnern, daß Ihr doch in diesem Herbst mal kommen wolltet. Haltet Ihr denn nun auch Wort? Was machen Luise und Kinder? Grüßt sie bitte von mir und seid auch Ihr Lieben alle recht herzlich von mir gegrüßt.

Eure Lina und Kinder

INHALT

Klaus Heimann

Ich glaube nicht, dass Ihr diese Zeilen erhalten werdet

Franz Heimann ist 17 Jahre alt als er zum Reichsarbeitsdienst einberufen wird. Er muss die Schule abbrechen, um dem Ruf zu folgen. Doch das ist nicht der einzige Grund für seinen Mangel an Enthusiasmus: Franz denkt demokratisch, wie sein Vater Hermann. Um zu überleben, fügt Franz sich einem Staat, der das freie Denken bestraft, und zieht in den Krieg für eine Ideologie, die er nicht teilt. Bis zum Wehrdienst ist Franz kein großer Schreiber. Dann beginnt er, sich mittels seiner Briefe an Erinnerungen und Heimweh zu klammern. Die Feldpost findet ihren Weg von Polen, Frankreich und schließlich England bis nach Essen, wo sein Vater als Beamter mit dem Rest der Familie den Krieg von einer anderen Seite erlebt. Stets schreibt Hermann seinem ältesten Sohn zurück und wartet bang auf das nächste postalische Lebenszeichen. Jahrzehnte später stößt Franz' Sohn Klaus beim Aufräumen auf die geschriebenen Zeilen, die etwas dokumentieren, worüber in der Familie nur ungern gesprochen wurde. Er schreibt diesen Roman, der wahre Ereignisse und Fiktion verbindet.

Ein Roman über das Schicksal des ältesten Sohnes einer Essener Familie während des Zweiten Weltkriegs, inspiriert von echter Feldpost.

336 Seiten, Preis: 14,50 €, ISBN 978-3-943322-330

Rainer Sockoll

Essen, Sessenbergstraße

Essener Ostviertel, Arbeitergegend, 60er Jahre.

Rund um den pensionierten Bergmann August und seine Frau Jette, die in der Sessenbergstraße in einem kleinen Haus wohnen, lässt Rainer Sockoll einen ganzen Kosmos der 60er Jahre entstehen. Aus heutiger Perspektive leben die Menschen hier materiell in ärmlichen Verhältnissen, aber ihr Reichtum an Zusammenhalt, Menschlichkeit und Humor ist von so selbstverständlicher Humanität, dass die Leser sich gleich aufgenommen fühlen in diesem Freundeskreis. Mit jedem Kriminalfall, der die Kreise von August und Jette berührt, tauchen wir tiefer ein in dieses Milieu und in die längst untergegangene Sprache des Reviers.

Mit meisterhafter Leichtigkeit und Präzision und mit fast zärtlicher Empathie gelingt es Sockoll in diesem Romanzyklus, eine längst zum Mythos gewordene Epoche wieder auferstehen zu lassen, als säßen August und Jette noch immer auf der Bank vor ihrem selbstgebauten Häuschen.

236 Seiten, Preis: 12,80 €, ISBN 978-3-943322-286

Erhältlich im Buchhandel und direkt beim Hummelshain Verlag